情緒容忍度

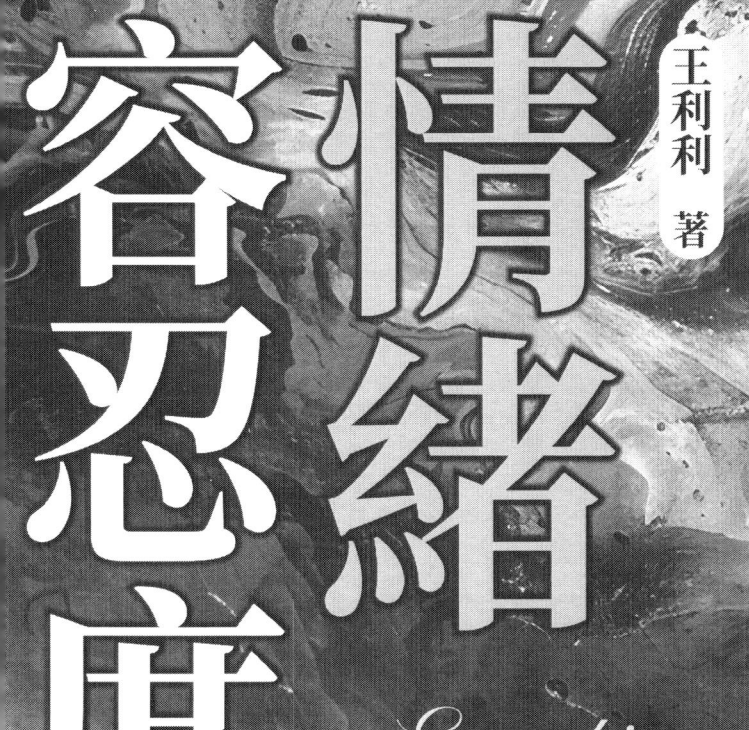

王利利 著

Emotional Tolerance

面對無處不在的壓力
心理學調節 10 種負面情緒

恐婚情結 × 社交恐懼 × 工作壓力 × 憂鬱症狀

—— 直面內心陰影，重新調整情緒 ——

【擺脫心理陰霾，實現真正的自我治癒之旅】

怕死情結、異性恐懼、資訊焦慮、憂鬱陰霾……
走出囚禁自我的孤島，正視並調適你的負面情緒！

目錄

前言

Part1　戰挫有術：從敗局中找到取勝的招數
挫折為何總是如影相隨 ⋯⋯⋯⋯⋯⋯⋯⋯⋯⋯⋯⋯⋯⋯⋯ 010
你的「挫折容忍度」有多大 ⋯⋯⋯⋯⋯⋯⋯⋯⋯⋯⋯⋯ 013
挫折教育：不經歷風雨怎能遇見彩虹 ⋯⋯⋯⋯⋯⋯⋯ 017
將挫折當成「精神補品」⋯⋯⋯⋯⋯⋯⋯⋯⋯⋯⋯⋯⋯ 021
坦然面對挫折，成功才不會缺席 ⋯⋯⋯⋯⋯⋯⋯⋯⋯ 024
挫折別具「情調」，從敗局中尋找勝招 ⋯⋯⋯⋯⋯⋯ 027
撥開陰霾，選擇適合管道宣洩 ⋯⋯⋯⋯⋯⋯⋯⋯⋯⋯ 030
自我調適的「神奇處方」⋯⋯⋯⋯⋯⋯⋯⋯⋯⋯⋯⋯⋯ 033

Part2　戰勝恐懼：開啟心靈的「枷鎖」
尋找讓心中產生恐懼的「怪物」⋯⋯⋯⋯⋯⋯⋯⋯⋯ 038
別用「怕死情結」嚇自己 ⋯⋯⋯⋯⋯⋯⋯⋯⋯⋯⋯⋯ 041
社交恐懼：自己就是一座孤島 ⋯⋯⋯⋯⋯⋯⋯⋯⋯⋯ 044
幽閉恐懼：缺失的安全感如何找回 ⋯⋯⋯⋯⋯⋯⋯⋯ 048
異性恐懼：我是不是太不「純潔」了 ⋯⋯⋯⋯⋯⋯⋯ 051
恐婚族：為什麼要被一紙婚書捆綁住 ⋯⋯⋯⋯⋯⋯⋯ 055
勇氣和自信：練就一顆「強心臟」⋯⋯⋯⋯⋯⋯⋯⋯ 059

目錄

Part3　澆滅憤怒：別讓憤怒之火燒傷自己
為何憤怒之火總易燃起 …………………………………… 064
怒火攻心，憤怒會讓全身「中毒」 ……………………… 067
別讓「憤怒炸彈」炸傷自己和他人 ……………………… 071
後悔藥難買，憤怒時不要輕易下決定 …………………… 074
心平氣和：平息怒火的「滅火器」 ……………………… 077
怒火燃起前試著換位思考 ………………………………… 080
懂得替情緒「降降溫」 …………………………………… 083

Part4　克服自卑：拆除捆綁手腳的
「低人一等」的情結源自哪裡 …………………………… 088
別讓自卑禁錮了個人發展 ………………………………… 092
自卑會讓人陷入絕望的深淵 ……………………………… 095
自信：降服自卑的「魔法棒」 …………………………… 099
用積極暗示走出自卑的陰影 ……………………………… 102
自卑感是邁向成功的踏板 ………………………………… 105

Part5　降服焦慮：讓「隱性殺手」無處遁形
揭開焦慮的神祕面紗 ……………………………………… 110
不可小覷的焦慮情緒 ……………………………………… 114
焦慮不是不治之症 ………………………………………… 118
走出「資訊焦慮」的漩渦 ………………………………… 121
不要預支明天的煩惱 ……………………………………… 125
廣泛性焦慮：無法填滿的欲望之壑 ……………………… 128

Part6　緩解壓力：做好生活的加減法

無處不在的壓力 …………………………………………………… 132
享受「挑戰」，將壓力變為動力 ………………………………… 136
用樂觀心態走出「失去」的陰影 ………………………………… 139
工作高效妙方：重視短時間的休息 ……………………………… 142
放鬆療法：為自己心理減壓 ……………………………………… 145
顏色療法：用顏色為生活減壓 …………………………………… 148

Part7　治療憂鬱：告別心靈感冒，多與陽光接觸

憂鬱：心靈上的「流行性感冒」 ………………………………… 152
我們為何會容易產生憂鬱 ………………………………………… 156
憂鬱症並不是難言之隱 …………………………………………… 159
學會與憂鬱「做朋友」 …………………………………………… 162
驅除憂鬱陰霾的有效妙方 ………………………………………… 165
如何將朋友從憂鬱症的泥潭中救出 ……………………………… 168

Part8　矯正孤獨：敞開心靈，不做「獨行俠」

為何我們會如此孤獨 ……………………………………………… 172
孤獨≠孤僻 ………………………………………………………… 175
走出囚禁自我的「孤島」 ………………………………………… 178
學會坦然接受孤獨 ………………………………………………… 181
孤獨是一種境界 …………………………………………………… 184

目錄

Part9　遠離抱怨：走進不抱怨的智慧世界

抱怨如同一種傳染病 ………………………………………… 188

抱怨只是逃避的一種藉口 …………………………………… 191

抱怨無法解決任何問題 ……………………………………… 194

抱怨會讓我們對幸福視而不見 ……………………………… 197

與其抱怨，不如面對現實 …………………………………… 200

感恩：關閉內心抱怨的「大門」…………………………… 203

用不抱怨回應逆境和絕望 …………………………………… 206

Part10　創造快樂：豐盈內心，塑造好心態

用微笑面對生活 ……………………………………………… 212

懂得知足常樂 ………………………………………………… 215

讓讚美成為一種習慣 ………………………………………… 218

學會珍惜當下的幸福 ………………………………………… 221

幽默：充滿歡樂與笑聲的良藥 ……………………………… 225

放下包袱，清掃心靈垃圾 …………………………………… 228

前言

在日常生活中，我們總是會遇到各種不順心的事，讓我們變得心煩、緊張、痛苦、憂鬱……有的人會因此而自暴自棄，變得消極沮喪，進而阻礙了自身的發展；然而有的人卻可以透過努力將其化解，並轉化為積極的行動，進而促進自身的成長。其實，兩者的區別就在於自己是否能夠轉變心態、自我調適，實現自癒。

佛法有云：「一水四見。」對於人們而言，水就是水；對於河中的魚蝦而言，則是牠們賴以生存的環境；對於鬼道眾生而言，則是烈火；對於天神而言，則是晶瑩剔透的水晶。何謂一水四見呢？即一切的想法都是從心而生的，同樣都是水，不同的心態就有不同的看法和見解。

比如，在同一個家庭中生長的兩個孩子，雖然他們的生長環境和條件是一樣的，但兩個孩子看待問題的態度和想法卻完全不同：老大認為自己生長在一個有父母疼愛的溫馨家庭中，老二則認為自己生活在一個冰冷而毫無感情的地獄中。因為老大的心是敞開的、是充滿愛意的，所以他覺得自己是最幸福的人，在他眼中家裡時時被溫馨的氣氛所籠罩；而老二的內心是封閉的、是充滿悲戚的，所以他覺得家如同冰冷而淒涼的地獄。

所以，我們就像是一塊磁鐵，當我們處於愉悅、快樂等正面狀態中時，我們就會感覺整個世界都是充滿愛意和善意的，美好的事物自然也會為我們所吸引；如果我們總是處於悲觀、鬱悶等負面狀態中，我們就會感覺周圍的一切都是充滿了怨氣和消極意義的，負面的東西自然也會圍繞在我們身邊。

前言

　　那麼，我們如何才能心向陽光，踏上心靈的平靜之路呢？本書就詳盡地為大家分析和破解內心的「大魔咒」，讓我們自己能夠清除掉那些潛藏在內心的焦慮、自卑、憤怒、恐懼、憂鬱等負面情緒，並深入淺出地告訴我們如何重塑自我、安頓身心，走出內心深處的心理陰影。所以，你還在等什麼呢？與我們一起開啟這本書，來一場自我治癒之旅吧。

Part1
戰挫有術：從敗局中找到取勝的招數

> 在圍棋中，有一個「妙手」的術語，意思是最精妙的下法，即一著妙手就能化解所處的困境，可以將敗局扭轉，一舉獲得勝利。其實，在日常生活中，當我們面對挫折時，也應該如此，要意識到挫折也別具「情調」，積極地尋找對策，在最短的時間裡從敗局中找到勝招，最終扭轉敗局。

Part1　戰挫有術：從敗局中找到取勝的招數

挫折為何總是如影相隨

　　丁蕾上小學的時候，媽媽就因病去世了，所以她與爸爸一直一起生活。爸爸對她相當疼愛，總是事事都順著丁蕾，凡事都替丁蕾操心，所以，丁蕾從小到大都不曾煩惱過什麼事情，都是爸爸為她準備好了一切：選文科還是理科、上哪所大學……

　　最近，大學即將畢業的丁蕾要面臨找工作。很多同學都早早地離開學校找實習工作，而丁蕾卻總是打電話問爸爸自己該找什麼樣的工作。爸爸畢竟能力有限，在這方面無法給丁蕾更多的建議。最後，丁蕾就像一隻無頭蒼蠅似的亂撞。結果，大半年過去了，很多同學都已經找到了工作，丁蕾卻還是四處晃盪，不知道自己該做什麼。這讓她感到很受挫，也不知道該怎麼辦。

　　後來，找不到工作的丁蕾只好回老家。爸爸為了幫女兒找一份工作天天忙前忙後，終於託人找了一份行政櫃檯的工作。可是，丁蕾在那裡做了幾天後卻不願意做了，因為工作上的事務太多了，她常常忙不過來，所以很多事情總是出錯，這讓她感到很有挫敗感。其實，丁蕾口中所謂的「事務」只是一些簡單的工作，只要她靜下心來就能處理好。但沒有任何耐心的她卻不願堅持，最終，做了兩週不到她就回家吃自己了。

　　可是，丁蕾卻不從自身找原因，而是不斷抱怨，為何自己總是遇到這麼多不順的事情，為什麼挫折總是跟著自己呢？

　　所謂的挫折，就是指個人在從事有目的的活動時遇到各種干擾和障礙，進而導致目標無法實現，個人的需求也得不到滿足。挫折包括兩層含義：一個是挫折情境，另一個是挫折反應。挫折情境是指阻礙目標實現的各種因素，其中包括自然環境、社會環境等因素；挫折反應則是指因為某種障礙導致需求得不到滿足，進而會產生憤怒、焦慮等情緒反

應。一般來說，當個人遭到挫折時，挫折情境與挫折反應總是緊密相連的。

那麼，挫折為何總是與我們如影相隨呢？造成挫折的原因有哪些呢？有專家表示，造成挫折的原因有很多，總體而言，分為客觀原因和主觀原因兩個方面。

一是客觀原因。客觀原因包括家庭因素和社會因素兩方面。有專家表示，家庭是個人產生挫敗感的「溫床」。家庭的經濟狀況、父母對孩子的教育方式、家庭成員之間的關係等都會影響人們的心理。而父母如果過分溺愛、親子關係比較疏遠，都會讓人很容易產生挫敗感。比如，上文中丁蕾由於爸爸的過分溺愛，進而導致她對爸爸依賴性非常強，一旦遇到一點小事就很容易產生挫敗感。

社會因素是指個人在社會生活中受到人為因素的限制，這包括經濟、文化教育、道德法律等約束。比如，大學裡所學的專業知識，在工作職位上無法充分地發揮，就會產生一種挫敗感。這不僅會對人的心理構成挫折，還會對個人的行為產生很大的影響，所以這要比家庭因素所產生的心理挫折更大。

二是主觀原因。主觀原因包括兩方面，一方面是因為個人的個性特徵、能力不足等導致自己所追求的目的無法達到而產生的心理挫折。比如，如果一個人的實際能力高於自己的抱負水準，就很容易得到成就感；反之，如果一個人的實際能力低於自己的抱負水準，就會產生挫敗感。

另一方面是因為個人動機的衝突而產生的挫折。在日常生活中，我們總是有各種動機，由於它們性質相似或相反而強度接近，讓人難以取捨，進而形成了動機的衝突。比如，小李既想與朋友去看某個展覽，又想去參加同學聚會，可是它們的時間有衝突。這就是動機的衝突，又稱為動機的鬥爭。

Part1　戰挫有術：從敗局中找到取勝的招數

　　一般來說，由於每個人對挫折的容忍力不同，所以對挫折的感受程度也不一樣。有的人即使遭遇很大的挫折，也不會氣餒，而有的人則稍微遇到一點小困難就會意志消沉。

　　人生並不是一帆風順的，在日常生活中，我們總會遇到各種挫折和困難，那麼，如何面對挫折呢？對此，有專家提出建議：一是學會正視挫折，相信挫折是可以克服的。強者之所以成為強者，正是因為他們遇到挫折不曾軟弱和消沉。二是樂觀對待挫折。研究顯示；性格開朗、樂觀的人與鬱鬱寡歡的人相比，前者更容易化解挫折。所以，只有學會樂觀地對待挫折，最終才能戰勝挫折。三是主動向專業人士諮商。當遭遇挫折導致心理失衡時，要積極主動地尋求專業人員的幫助，進而讓自己盡快走出挫敗的陰影。

你的「挫折容忍度」有多大

　　杜虎是一名博士生，從小到大，他都因為優異的成績而得到他人的羨慕和稱讚。可是最近，他卻因為追求一個女生被拒而變得沮喪和消沉。

　　起初，杜虎以為像自己這麼優秀的人，想要追求自己喜歡的女生是非常容易的事，所以他就直接向那個中意的女生表白了。可是，對方卻斷然拒絕了杜虎，並對他說：「對不起，我不喜歡你這種類型的男生。」這讓杜虎內心很受挫，做什麼事情都提不起精神：不願去上課，也不願與朋友外出吃飯，天天悶在自己的住處。

　　與他要好的同學和朋友得知他的這種境況，都來勸解他「心胸要放寬一些，被人拒絕並不是什麼大不了的事情，誰都會遇到這種情況」。可是不管他人如何費盡口舌勸說，杜虎就是聽不進去，變得異常消沉。

　　沒過多久，一個爆炸性的新聞傳了出來：杜虎在拒絕他表白的女生所住的宿舍跳樓自殺了！這讓認識杜虎的同學和朋友無不感到震驚。很多人都對他的離去感到遺憾和惋惜，他們對此議論紛紛：有的人說，他學歷這麼高、條件這麼好，還擔心找不到女朋友嗎？為何被一個女生拒絕了，竟然會做出這種舉動呢？還有的人說，他是不是太過死心眼了，天涯何處無芳草啊；更有人說，這人也太沒有出息了，因為這點小挫折就選擇輕生，真是「玻璃心」，抗挫能力也太低了吧……

　　在人生的道路上，挫折總是毫無預警地從各個方向朝我們襲來：無法抗拒的天災人禍；難以預料的生老病死；生活和工作上的各種不順心……面對種種挫折和不幸，每個人的「挫折容忍度」卻不同：有的人直視挫折、不屈不撓；有的則是心灰意冷、一蹶不振。

　　所謂挫折容忍度，就是面對挫折的容忍力，是當我們遭遇挫折的時

Part1　戰挫有術：從敗局中找到取勝的招數

候，可以擺脫困擾而避免心理與行為失常的能力。簡單來說，就是一個人承受打擊的能力。挫折容忍能力強，便沒有或是僅有很小的挫敗感；反之，則很容易產生挫敗感。

一般來說，挫折容忍度比較低的表現是：受不了被他人拒絕，一旦遭到拒絕就會由愛生恨；總是將怨氣憋在心裡，很容易對他人產生憎恨的情緒；生活和工作中一旦遇到不順心的事情，就會變得行為失常。所以，這類人往往人際關係非常差，而且在溝通上也面臨困難。

從挫折容忍度的高低，可以看出一個人的心態水準。那麼，挫折容忍度高低主要受哪些方面因素的影響呢？對此，有專家整理出以下幾個方面的原因：

一是思想意識水準的高低。一般來說，如果是思想意識水準比較高的人，挫折容忍度就比較高，他們不管遇到多大的挫折和困難，都會勇往直前；而思想意識水準比較低的人，挫折容忍度就比較低，一旦遭遇困難和挫折便會陷入悲觀、消沉的情緒中，並且長期沉浸在苦悶的情緒中不能自拔。

二是看待問題的方法和態度。一般來說，對什麼事情都報以樂觀的態度和看法的人挫折容忍度就比較高，而對任何事情都持負面的態度，挫折容忍度就比較低。

比如，某家公司的幾個主管競爭一個職位，其中，甲乙兩個人都落選了，但甲對自己說，這次落選並沒有什麼，只要自己加倍努力，下次肯定還有機會；而乙則相當消沉，他心有不甘地認為勝出的那個人肯定與上級有關係才被選上的，此後他工作也不再用心了。

三是生活閱歷和社會經驗。一般而言，生活閱歷和社會經驗比較豐富的人，其挫折容忍度就比較高；反之，則挫折容忍度比較低。當他們遇到同一種挫折和不幸時，有閱歷和有經驗的人會將其當作潺潺細流，

而沒有什麼閱歷和經驗的人則是將其當成驚濤駭浪。

四是對問題的預見和心理準備。如果一個人對挫折和不幸早有預見，提前有了心理準備，那麼，其挫折容忍度就很高；反之，如果一個人對生活中可能出現的挫折和困難毫無預見和心理準備，挫折容忍度就會很低，也無法接受遇到的挫折和不幸。

比如，小趙不管做什麼事情都會預想到可能出現的問題，所以一旦遇到不順，他都能坦然面對，並積極地想辦法解決；而小李做任何事情都會將其設想得一帆風順，結果遇到挫折時，他便難以接受，變得非常沮喪。

五是個人的身體條件。個人的身體條件不同，對挫折的容忍度也有很大的不同。一般來說，身體強壯的人，對挫折容忍度就比較高；而身體比較弱的人，則對挫折的容忍度就比較低。所以，在日常生活中，我們常常會看到一些體弱多病的人一旦遇到一點不順心的事情，就會難以應對。這是因為身體健康狀態會影響人的心理健康程度以及應對挫折的能力。

六是他人的支持和幫助。當某個人遭遇挫折和不幸的時候，如果周圍人給予他支持和幫助，其挫折容忍度就比較高；反之，如果其他人在一旁幸災樂禍，落井下石，挫折容忍度就會很低。

在了解影響挫折容忍度高低的原因之後，如何才能提高我們的「挫折容忍度」呢？對此，有專家提出以下幾點建議：

一是用微笑來面對悲慘的厄運。正如魯迅先生曾說：「偉大的心胸，應該表現出這樣的氣概 —— 用笑臉來迎接悲慘的厄運，用百倍的勇氣來應付一切的不幸。」所以，我們只有學會面帶笑容直視挫折和困難，才能走向成功。

二是理智地分析苦難和挫折。當我們遭遇挫折和不幸時，不要立刻被負面的情緒所吞噬，而應該學會理智地分析客觀原因和實際情況，才不會被困難嚇倒，才能更容易取得成功。

三是經由運動鍛鍊來增強自己的體質。一般而言，擁有健康的身體往往比體弱多病的人更能忍受挫折，所以我們要透過運動鍛鍊來增強自己的體能，並培養自己的勇敢、不畏困難等精神品格，這樣才會讓我們在面對挫折和困難時更有耐力和毅力。

挫折教育：不經歷風雨怎能遇見彩虹

　　何歡是家中的獨生子，從小到大父母對其百般呵護和溺愛，吃飯穿衣從來都不用自己動手，所以在他上初中、高中的時候，依然是媽媽為他洗衣服。有一次週末回家，爸媽有事外出了，他想將髒衣服洗一洗，可是最終在洗衣機旁傻站了半個小時，也不知道如何使用洗衣機。

　　當何歡的父母知道這件事後，不僅沒有引起重視，反而安慰他道：「這種事不會做也沒有關係，你只要放在那裡等媽媽來做就行。」所以，從那之後即使是一雙襪子，何歡也不會動手去洗，而是讓父母為他「效勞」。

　　在課業上也是如此，當何歡考得不好時，父母總是對他說「沒有關係，這點失敗不算什麼，下次考好就行了」，一副無所謂的樣子，既不給他分析考試失利的原因，也不引導他如何面對考試失利。所以，在何歡的人生字典中，從來沒有「挫折」二字，也不知道失敗的滋味。

　　最近，何歡馬上就要大考了，父母對此費盡了心思，給他報了各種輔導班，希望他能順利地考上大學。可是事與願違，何歡並沒有考上大學，而且離大學最低錄取標準還差很多。有些同學考得不錯，考上了自己期望的院校，這讓何歡感到很受挫，一直將自己關在房間裡，變得非常消極和沮喪，不管父母如何安慰他，他都聽不進去，每天如同行屍走肉一般。

　　有心理專家曾說過這樣一句話：「有十分幸福童年的人常有不幸的成年。」一般來說，在成長的過程中，很少遭遇挫折的孩子往往在成年後會由於無法適應激烈的競爭和複雜多變的社會環境而深感痛苦。所以近年來，有不少國家提出了「挫折教育」，旨在提高孩子對挫折的心理承受能力，以培養孩子的自信和樂觀。

Part1　戰挫有術：從敗局中找到取勝的招數

可是，很多家長對挫折教育卻存在一定的認知失誤，認為孩子既然缺乏挫折和鍛鍊，就人為地給孩子製造一些困境。其實，這不僅起不到積極的作用，反而會打擊孩子，產生反作用。因此，有專家明白指出以下幾種失誤：

一是挫折就意味著吃苦。很多父母認為，只要讓孩子吃點苦，就能對抗挫折，因此會給孩子報一些比較有挑戰的夏令營。其實不然，挫折教育的目的是讓孩子學會面對挫折、戰勝困難，並培養樂觀、自信的良好心態。所以，它不僅包括心理教育、社會教育，還包括獨立、自信等能力的培養。

二是多對孩子說教就可以了。很多家長認為，當孩子遇到問題時，對他們及時進行說教就是進行挫折教育。比如，對孩子嚴厲地批評和指責等。對此，專家表示，這種做法極為不妥，只會讓孩子的意志更加消沉。

另外，孩子往往很容易受到父母的影響，他們會模仿父母的一言一行。所以，挫折教育包括家庭教育，即父母要從自己做起，面對挫折和困境有一定的抗挫能力，進而讓孩子在無形中學習到應對挫折的品格。

三是只要及時安慰孩子就可以了。有家長認為，如果孩子遭遇失敗，只要及時地對他們進行安慰就可以。實際上並非如此，有專家表示，如果家長不幫助孩子檢討失敗的原因，不讓他們認知到問題的所在，即使再怎麼安慰也於事無補，也達不到挫折教育的目的。比如，上文中的何歡每次考試考不好時，父母總是不斷安慰他，但從來都不為他分析原因，所以致使他大考失利後怎麼也走不出挫折的陰影。

要知道成長的道路並不是一帆風順的，總會遇到各式各樣的困難和挫折，所以我們要學會面對和戰勝它，才能讓自己的成長經歷更加豐富。因此，當孩子面對挫折的時候，父母要做的並不是直接幫孩子解決

問題，而是正確地引導，讓孩子自己找到解決的方法。那麼，如何對孩子進行挫折教育呢？如何讓他們經歷風雨後遇見彩虹呢？對此，有專家提出以下幾點建議：

一是有意識地讓孩子品嘗一些生活磨難。對孩子進行教育時，家長應該了解，幼兒期是孩子個性形成的關鍵期，所以要有意識地讓孩子品嘗到生活中的磨難，讓其明白成長的道路是坎坷不平的，從挫折中接受教育，以培養他們吃苦耐勞、獨立、勇敢面對困難的品格和能力。

比如，家長要捨得對孩子放手，不要事事都替他們做，要培養孩子自己動手、獨立自主的意識。衣服自己穿，即使穿得亂七八糟也沒有關係；自己吃飯，即使將飯菜弄得滿身都是也沒事。讓孩子從中獲得體驗，然後父母再進行引導，他們慢慢就會克服這些困難。

二是讓孩子直視困難和挫折。專家表示，挫折教育要從小事著手，所以，家長要引導孩子正確地面對挫折，並找出應對的方法和對策。比如，當孩子不慎摔倒時，有的家長會立即上前將其扶起來，並當著孩子的面訓斥地面：「都是地不好，才讓寶寶摔跤的。」然後憤憤地拍打著地面。這種做法是極為不妥的，這樣只會讓孩子將摔跤歸於外因，不敢直視挫折。正確的做法是讓孩子在哪裡摔倒就從哪裡爬起來，並且告訴他們「走路的時候要慢慢走，並看著前方，才不會摔倒」，進而讓孩子了解產生挫折的原因和應對的方法。

三是引導孩子戰勝困難和挫折。當孩子面對挫折和困難感到束手無策的時候，家長不能一味地責怪孩子，這樣會讓他們產生負面反抗的心理，而是要具備引導孩子走出挫折和克服困難的耐心。有資料顯示，有30%的中小學生因為在幼年期經歷過挫折但沒有得到正確的引導而存在心理疾患。所以，家長要注意幫助孩子獲得戰勝困難的成功體驗，進而提高他們的信心。

Part1　戰挫有術：從敗局中找到取勝的招數

　　四是對孩子要有適度的期望，並給予正確的評價。如果父母對孩子有過高的期望，常常會讓他們對自己的能力缺乏自信或是在面對困難時沒有足夠的心理準備，孩子就會產生很強的挫敗感，進而失去信心。因此，父母應該根據孩子自身的特點來制定適度的目標，進而讓他們更有勇氣面對困難。

　　另外，孩子在生活和學習上不管是取得成功還是面臨失敗，都要給予他們正確的評價，讓他們知道哪些是對的，哪些是錯的，並且清楚錯在哪裡，如何改正，進而提高孩子的心理抗挫能力，從容地面對各種挫折和困難。

　　比如，曉樂在一次考試中考得非常差，媽媽知道後並沒有一味地責怪他，而是在拿到曉樂的試卷後，問清楚他做錯的原因，是馬虎造成的還是真的不會。如果是因為馬虎而做錯，媽媽會讓他做題時慢一些，做完後再認真檢查；如果是真不懂，媽媽則耐心地教他，直到他明白為止。後來，曉樂不管做什麼事都善於分析，而且能夠從容地面對各種問題。

將挫折當成「精神補品」

　　夏雪是某學校的老師，在學校中一向表現不錯，不僅上課生動有趣，學生們也很喜歡她。最近，學校正在舉行優秀老師評選的活動，但名額只有一個，很多老師都踴躍地參加。夏雪也不例外，她認為自己勝券在握。

　　正當夏雪翹首期待自己會被選為優秀老師時，最終結果卻讓她大失所望，她竟然落選了，獲得優秀老師的是一位資歷比她深的老師，而且教學品質也非常高。這讓夏雪感到很鬱悶，情緒非常低落，越想越難受：自己在學校裡向來表現不錯，為什麼卻無法獲得優秀老師的稱號呢？所以，之後的幾天，她上課也沒有以前那麼積極了，當學生跟她打招呼時，她也懶得回應對方。

　　週末，當夏雪在家打掃房間的時候，她發現已經枯萎的花草，本來以為不會再生長了，如今又神奇地「復活」了，而且狀態比以往更好。此時，夏雪不由地想到了自己：沒有選上優秀老師這件事其實算不了什麼，人生道路上總會遇到各種挫折，如果自己一直這麼消沉下去，不僅會耽誤學生的課程，也會讓自己變得更加消極，無法正常地工作。

　　同時，她還想到獲得優秀老師稱號的那位老師確實各方面都比自己出色，也是實至名歸，自己應該向對方學習。所以，應該將這次挫折看成是自己進步的墊腳石，這樣才會做得更好，才有機會獲得下次優秀教師的稱號。

　　想到這裡，夏雪開始準備下周的上課內容，做事也比以前更認真、更負責了。機會總是留給有準備的人，在第二年的優秀教師評選中，夏雪如願以償。

Part1　戰挫有術：從敗局中找到取勝的招數

在人生前行的道路上，我們總是會遇到各式各樣的挫折，如果沒有經歷過挫折，怎會知道成功來之不易；如果沒有挫折，怎麼會有勇者與弱者的區分。正如孟子所云：「故天將降大任於斯人也，必先苦其心志，勞其筋骨，餓其體膚，空乏其身，行拂亂其所為，所以動心忍性，曾益其所不能。」所以，我們要學會將挫折當成自己的「精神補品」，這樣才能讓我們越「挫」越勇、百折不撓。

「現代法國小說之父」巴爾札克曾說：「挫折和不幸，是天才的進身之階，信徒的洗禮之水，能人的無價之寶，弱者的無底之淵。」可見，挫折既有消極的一面，也有積極的一面。雖然挫折和不幸會帶給我們痛苦，但也會讓人得到磨練和考驗，進而變得更加強大，取得更大的成功。

宋蘇軾詩云：「橫看成嶺側成峰，遠近高低各不同。」當我們面對相同的事物，由於看待的角度不同，得到的結論自然也不一樣。對待挫折也是如此，由於每個人的生活閱歷、價值觀等不同，所以對挫折的看法也各不相同。有的人面對挫折，不僅能夠忍受巨大的困難和失敗，而且還會越「挫」越勇。

比如，寫成史學鉅著《史記》的司馬遷，雖然遭受殘酷的宮刑，但他並沒有就此自暴自棄，而是在艱苦的條件下寫成了有「史家之絕唱，無韻之離騷」美譽的《史記》。曾擔任福特汽車公司總裁的李·艾科卡，在他位居福特公司總經理的職務時，創造了空前的銷售紀錄，可是後來當他榮升為福特的總裁時，卻慘遭福特董事長的猜忌，並被革職。跌落谷底的他並沒有因此一蹶不振，而是接受了瀕臨倒閉而且負債累累的克萊斯勒汽車公司的邀請，擔任總裁兼董事長；經過他的大力整頓後，克萊斯勒汽車起死回生，取得了巨大的成就。

有的人遇到一點困難和挫折就意志消沉、一蹶不振。比如，楚漢相爭時，西楚霸王項羽多次取得勝利，而戰敗的次數少之又少，所以當他

在垓下之圍戰敗後，本可以重整旗鼓，捲土重來，可是他面對失敗卻意志消沉，最終自刎於烏江；東漢末年，袁紹兵多糧足，想要乘機消滅曹操，可是在官渡之戰中，曹操卻以少勝多，袁紹父子落荒而逃，從此以後再無鬥志。

因此，當我們遭遇挫折和不幸的時候，不要就此懷憂喪志，而是要學會反省自身，將困難和失敗當成自己的「精神補品」，讓其成為鍛鍊意志的「運動場」，才能戰勝挫折、克服困難。

對此，專家建議，首先我們要學會調整自己的動機、情緒和行為，讓其適應社會的要求，即學會在不同的環境、不同的規範等條件下來調整行為。如果適應得好，我們就會感到寬心、和諧；如果適應得不好，就會感到失意、落寞。比如，上文的夏雪本來因為沒有評選上優秀教師而鬱悶不已，並有些消沉，後來她慢慢調整自己的心態和行為，將挫折當成「精神補品」來看待，最終走出了陰影。

其次，將挫折看成磨練我們意志的磨刀石，讓其當我們成功的墊腳石。只有學會在挫折面前勇於挑戰自己，才能更容易取得成功，能夠讓我們笑著面對生活。所以，我們要保持一種恬淡平和的心態來面對挫折。正如思想家所言：「一種美好的心情，比十劑良藥更能解除生理上的疲憊和痛楚。」

Part1　戰挫有術：從敗局中找到取勝的招數

坦然面對挫折，成功才不會缺席

　　李響和趙宇是大學同學，而且是在同一個班。李響的成績一向優異，在學校和班級中深受老師和同學的喜愛，而趙宇卻成績平平，平日裡總是喜歡參加一些學校活動。當時，很多同學都認為李響日後肯定會做出一番成績，而趙宇肯定不如李響。可是，在畢業五年後，兩個人的境遇卻讓大家大吃一驚。

　　目前，李響雖然在一家大公司任職，但一直都是一名普通員工。原來，剛進入這家公司的時候，李響充滿了幹勁，滿懷期望能夠在此一展身手。可是，在工作的過程中，他遇到了一些困難後，立刻變得消沉起來，總認為自己可能不適合這份工作，而不去尋找解決問題的方法。所以，在公司做了一年多之後，他就辭職了。

　　後來，他又到其他公司求職。但每在一家公司做一段時間後，一旦遇到挫折，他就變得心灰意冷。結果，幾年過去了，他依然在某家公司做基層員工。

　　而如今的趙宇卻已經是某公司的銷售經理，從畢業到現在一直都在這家公司。起初，他剛開始做這份工作的時候，是從普通的銷售人員做起，每天都要上門向他人推銷。在此過程中，他遭到很多人的白眼，而且總是吃閉門羹。即使如此，他並沒有退縮，也沒有被困難嚇倒，而是坦然地面對這些挫折，積極地改變自己的推銷策略。

　　憑著這份執著和努力，趙宇漸漸在工作上做得越來越出色，從小組長到主管，再到經理，深受長官的器重。

　　其實，不管是在日常生活還是在工作中，我們總會遇到各種挫折和困難。如果我們像李響那樣因為一點挫折就心灰意冷、日漸消沉，結果只會越來越糟，最終與失敗為伍；反之，如果我們能夠像趙宇那樣坦然

地面對挫折，並堅持不懈地為之努力，就會不斷地取得進步，最終與成功同行。

當遇到困難和挫折的時候，關鍵是我們持什麼樣的態度，如果以積極樂觀的心態來面對，我們就會在清醒地認知自己不足的同時，坦然地看待挫折，並從容地接受；如果我們以消極、沮喪的心態來面對，就會一直沉浸在痛苦、失落的情緒中。

有心理學家曾做過一個關於心態對人的行為產生影響的實驗：他帶著10個人穿過一個黑暗的房間。在他的引導下，10個人都順利地走了過去。可是，在他們走過之後，心理學家將房間的一盞燈打開，房間裡的光線仍然有些昏暗。此時，這群人驚訝地發現，原來他們剛剛走過的地方是一座非常狹窄的獨木橋，而橋的下面則有幾條鱷魚徜徉在大水池中。

這時心理學家問道：「現在你們誰願意再次穿過這座獨木橋呢？」頓時一片寂靜，過了很久，才有3個人舉起手。在經過獨木橋的時候，第一個人小心翼翼而且速度非常慢地走過了；第二個人則是慢吞吞地走到一半時，嚇得爬著過去了；第三個人沒走幾步就停下來了，不敢再往前走。

接下來，心理學家又將房間中的燈全部打開，房內立刻變得非常明亮。這時他們發現原來獨木橋下面有一張安全網。當心理學家再次詢問有沒有人願意走過這座橋時，有5個人舉起手來。而其他人之所以不願意，是因為擔心安全網是否結實。

其實，在大多數情況下，人生就像走過這座看似危險的獨木橋一樣，暫時遭遇失敗並不是因為自己的力量薄弱，而是受到周圍環境的影響，所以導致很多人遇到困境就失去了平靜的心態，不敢坦然面對。如果我們無法坦然面對挫折，那麼就無法接受它，更不能放下和處理它。

Part1 戰挫有術：從敗局中找到取勝的招數

所以，當遇到挫折和不幸的時候，我們應該學會不抱怨、不逃避，而是坦然地面對它、接受它，並行動起來，這樣才會讓我們取得更大的進步，才不會讓成功在我們的人生中缺席。

因此，遭遇挫折和失敗並不是那麼可怕，可怕的是我們不能坦然面對，不能認知到挫折的價值所在，才會導致成功總是缺席。那麼，如何才能坦然地面對挫折呢？對此，有心理學家提出以下幾點建議：

一是學會自我反省。當我們面對挫折和不幸時，出現沮喪、低落的情緒是在所難免的，也是可以理解的。但如果因為一些挫敗而讓自己身心受到損害，甚至萎靡不振、日漸消沉，並影響自己的日常生活，這是極為不妥的。此時，我們應該學會自我反省，看到事情積極的一面，讓這些挫折成為鍛鍊自己的機會，才能促進我們更好地成長。正如愛迪生所言：「失敗也是我們需要的，它和成功一樣對我們有價值。只有在我們知道一切做不好的方法以後，我們才知道做好一件工作的方法是什麼。」

二是調整自己的心態。當我們遇到挫折的時候，保持良好、健康的心態是非常重要的。如果一個人總是沉浸於挫折所帶來的痛苦，那如同在傷口上撒鹽，會讓自己深受折磨。所以，遭遇挫折時最重要的就是調整自己的心態，告訴自己挫折和困境並不是最終的結局，也不是邁不過去的坎，並給自己灌輸一些正面的資訊。比如，告訴自己「我一定可以的」，「我一定會取得成功」等鼓勵性的話。

三是懂得化解自己的挫折感。當遇到挫折時，我們應該懂得向身邊的好友或家人傾訴，這樣不僅可以減輕自己的挫折感，還能改變內心的壓抑狀態，進而讓身心更輕鬆，坦然地面對各種挫折和困難，增強自己克服挫折的信心。

挫折別具「情調」，從敗局中尋找勝招

　　葉華是一個水果攤的攤販，由於他人緣比較好，所以水果攤的生意一向不錯。尤其是香蕉，因為他所進的香蕉貨源都是品質不錯的，所以吸引了越來越多的消費者。可是天有不測風雲，最近葉華做生意的市場意外發生了一場火災。

　　當時，在市場的一個角落裡突然冒出了火苗，而且風勢又比較大，火很快燒了起來，附近的攤子都受到了影響，葉華也不例外。不過，幸好消防車來得比較快，不久就撲滅了這場火。雖然葉華的攤位受到了些許的影響，但幸虧有些水果並沒有完全燒毀。香蕉由於受到溫度過高的影響，沒過幾天，它們表皮上就長滿了黑色的小斑點。雖然肉質並沒有遭到破壞，但看起來卻影響美觀。

　　這讓葉華內心很受挫，不知道該怎麼做。如果將這些香蕉低價處理，自己必然會虧損不少錢，可是如果不便宜處理的話，它們只會「砸」在自己手裡。雖然葉華很沮喪、懊惱，但他只好安慰自己：既然事情已經發生了，就不要在這裡徒勞傷神，而是應該想想解決的方法，從敗局中找到取勝的妙招。

　　此時，葉華所在的市場正在翻修整理，他便尋找其他的地方去賣水果。在尋找場地的時候，突然有一個想法冒了出來：給自己的香蕉取名為「芝麻蕉」，繼續按原來的價錢去賣，畢竟這些香蕉只是被高溫烤過，但並沒有燒壞。「芝麻蕉」可以合理地解釋香蕉皮上的斑點。雖然有點投機取巧，但畢竟香蕉本身的品質不錯，也不算是坑騙消費者。

　　於是，葉華在新攤位上打出新品種「芝麻蕉」的招牌開始叫賣，並讓客人先嚐後買。果然，由於很多客人都沒有聽說過這個品種，便爭相前來品嚐、購買。沒過幾天，這些香蕉就被大家買完了。

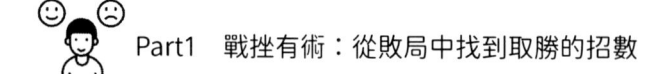

Part1　戰挫有術：從敗局中找到取勝的招數

在圍棋中，有一個「妙手」的術語，意思是最精妙的下法，即一著妙手就能化解所處的困境，可以將敗局扭轉，一舉獲得勝利。其實，在日常生活中，當我們面對挫折時，也應該如此，不要一味地沉浸在慌亂、痛苦、消沉的情緒中，而是要意識到挫折也別具「情調」，積極地尋找對策，在最短的時間裡從敗局中找到勝招，最終扭轉敗局。

不管是在生活中還是工作中，我們總會遇到各種挫折和困境，但它們並不可怕，因為沒有絕對的失敗和挫折。只有面對挫折時懂得從敗局中尋找勝招的人，才能扭轉敗局，取得更大的進步和成功。比如，在國外某個工廠中，由於一個工人的操作不慎，進而生產出一大堆無法使用的廢紙，這讓老闆大為惱火，無情地將那位工人辭退了。這讓工人非常懊惱、沮喪，不知道下一步該怎麼辦。可是，他不能就此消沉下去，因為整個家庭還需要他來養，所以在一番調適之後，他重新振作，希望從中找到解決的方法。

於是，他細細研究那些廢紙，發現它們具有很好的吸水效果。因此，他發明了吸水紙，並進一步處理和包裝，重新推廣到市場中，結果，這種紙非常暢銷。最終，他不僅獲得了更多的財富，讓自己的家人過上衣食無憂的生活，還申請了吸水紙的專利。

所以，在面對挫折和困境時，我們不要一味地沉浸在沮喪或悔恨中，而應該整理好自己的思緒，尋找解決的方法，將損失降到最低。雖然在人生的道路上總是無法避免各種困難和失敗，但是只要我們懂得積極地應對，必然能夠很快走出困境。那麼，面對挫折和困境時，我們應該怎麼做才能從敗局中找到致勝的高招呢？對此，有專家提出以下幾點建議：

一是分析自身的優勢，以此尋找對策。當挫折和困境來臨時，我們應該學會分析自身的優勢。比如，自己有什麼長處，所處的位置有什麼

優點等。充分利用和發揮這些優勢，積極尋找解決的方法。

比如，上文所提及的葉華，因為在做生意的過程中累積了不少人緣，而且因為他做生意一向誠信，從來都不缺斤短兩，所以，很多跟他購買水果的人都非常相信他。當他在其他地方擺攤時，之前的老顧客依然去他那裡購買他所宣傳的「芝麻蕉」。

二是學會積極地應變，而不是消極地逃避，才能從困境中走出來。比如，某品牌食品發生了食物中毒的案件，導致公司的信譽一落千丈，而且營業額急速下降。可是，該公司的負責人並沒有被這種困境打倒，而是在事情發生之後，積極地開會尋找應對的方案。他們第一時間趕到醫院去看望食物中毒的消費者，並承諾將承擔所有的醫療費用，然後回收導致消費者中毒的食品，並送到相關部門化驗、檢查，結果發現食品沒有什麼問題，有可能是消費者吃了其他東西而導致的食物中毒。但他們並沒有將這種可能公布出來，而是將公司生產的食品檢查結果公布，並告知大眾公司所採取的對策。後來，不到三個月，公司就化解了這場危機，消除了大家的誤解。

三是保持平和的心態。當面對挫折和不幸的時候，我們要給自己的傷痛加一個期限，告訴自己在超過這個期限後就不要再消沉、低落，而是用平和的心態來接納這些不幸和挫折，並擺正自己的位置，來度過這些坎坷。

所以，不管是在生活中還是在工作中，當我們遇到挫折和困境時，應將其看成多姿多彩生活中的一些調色劑，認為它們也別具一番「情調」，這樣才能讓我們積極地面對和解決困難。

Part1 戰挫有術：從敗局中找到取勝的招數

撥開陰霾，選擇適合管道宣洩

　　劉婭最近剛找到一份新工作，而且公司的待遇不錯，這讓她很開心，還沒工作幾天就向好朋友分享了這件愉快的事情。可是沒過多久，劉婭卻因為主管的誤解而鬱鬱寡歡，做事情也沒有以往那麼積極了。

　　原來，公司最近預計向市場推出一款產品，便讓劉婭所屬的企劃部門製作相關的專題。由於劉婭是新來人員，部門負責人便讓老員工帶著劉婭一起做。可在提交專題的當天，那位老員工臨時有事外出了，便讓劉婭用自己的信箱將那個專題發給負責人。劉婭愉快地答應了，並順利地完成了這件事。

　　第二天，劉婭剛到辦公室沒多久就被負責人叫到會議室，她以為是要開緊急會議，可是進去才發現只有主管和自己。當負責人質問她專題為何存在那麼多問題時，劉婭卻答不出來，因為她並不知道具體的細節，她只是在做專題的過程中提出了一些自己的想法和建議，但真正整合的是那位老員工。當她答不出主管所問的問題時，只好沉默以對，因為她知道越辯解越難讓主管相信，還有推卸責任的嫌疑。所以，劉婭替那位老員工背了這個黑鍋。

　　這讓劉婭的內心感到非常委屈和難過，明明不是自己的問題，卻要遭到主管的謾罵和責問。從會議室出來，她便無心工作，總是想著這件事情。後來，鬱悶難耐的劉婭便打電話向好友傾訴。好友邊勸解邊安慰，此時的劉婭像個受了委屈的孩子一樣哭了出來，過了好一會兒，她才從鬱鬱寡歡的情緒中慢慢地恢復過來。

　　後來，老員工也知道了劉婭幫自己背黑鍋的事情，她很感激劉婭，事後在工作上盡可能地幫助她，兩個人的關係也變得越來越融洽。

　　有心理學家表示，當我們遇到挫折和不順時，不要將痛苦和委屈鬱

結於心中，更不要讓自己一直處於鬱鬱寡歡的情緒中，而是要善於找到適合的方法進行宣洩，必要時可以大哭一場，以緩解內心的痛苦，進而穩定情緒。

在日常生活中，我們總是遇到或多或少的困難和挫折，即使一件小事沒有做好，也會產生失落感，內心會有些落寞和不安。其實，不管遇到何種挫折和困境，關鍵都是要撥開心頭的那片陰霾，選擇適合的宣洩方法，就像劉婭那樣在朋友的勸解和安慰中，將自己的委屈、難過等情緒藉助一湧而出的眼淚「釋放」出來，雖然大哭一場不能解決所有的問題，但卻可以宣洩自己的情緒，這是很自然、合理的釋放管道，也是心理學家提倡的做法。

可是，在現實生活中，很多人會因為某些挫折和不幸而讓這種陰霾一直籠罩在心頭，進而動搖了打拚的信念，甚至會產生極端的想法。有心理學家曾做過這樣一個實驗：他們將一隻小白鼠放在水池中，讓牠透過自己的鬍鬚來判定自己所處的位置，不一會兒，小白鼠就游到了岸邊。後來，心理學家又將一隻被剪掉鬍鬚的小白鼠放到水池中。由於這隻小白鼠失去了鬍鬚，無法藉由「探測器」來判斷自己的方位。於是，他放棄了努力，溺死在水池中。因此，心理學家將這種死亡方式稱為「意念自殺」。

這種結局讓人嘆息不已。然而，在生活中很多人都會遭遇像小白鼠那樣的「水池」，不只放棄了努力的想法和打拚的念頭，繼而讓自己沉溺於挫折和困難的「水池」中。

所以，當我們遇到困難和挫折時要及時撥開內心的陰霾，選擇適合的宣洩方式。那麼，有哪些方法可以用來好好地宣洩不良情緒呢？對此，有專家提出以下幾點建議：

一是學會自我疏導，將負面的情緒轉化為正面的情緒。當遇到讓我

們痛苦、煩惱的事情時，不妨自我調節和疏導，以緩解自己壓抑的情緒。比如，去一個能夠讓自己心情變好的地方，確立一個新的目標並堅定自己的信念去努力實現等。

二是透過「自由寫作」的方式進行宣洩和表達。當遇到挫折和困境時，往往會讓我們陷入消沉、沮喪的情緒中，此時，不妨藉助「自由寫作」的方法來適當宣洩。

比如，拿出一張白紙或是一本筆記本，在上面寫下自己大腦中浮現的所有想法和情緒，不要有任何猶豫，也不用在意字跡是否工整，只管放心地去寫、去宣洩、去表達。在寫的過程中，我們會發現負面的情緒漸漸有所緩解，之後我們再調整自己的心態，讓自己勇敢地面對挫折和困境。

三是透過心理防衛來對自己進行自我安慰，以恢復內心的平衡，減緩和消除挫敗感。心理學家建議，不妨使用「酸葡萄心理」來安慰自己，即當自己的需求無法得到滿足而產生挫敗感時，為了緩解和消除內心的不安，編造一些藉口或理由來安慰自己，最終讓自己從不安、痛苦等負面的心理狀態中走出來。

自我調適的「神奇處方」

　　蔣薇是一名大學生，性格素來開朗活潑，而且聰明伶俐，很擅長與人溝通。可是最近，在一場緊張的全民英檢考試之後，當她得知自己的成績考得很不理想時，整個人變得很沒精神，也不願主動與他人交流，就連做一些簡單的題目也變得有困難，彷彿思維被堵住似的。這讓蔣薇感到非常煩悶，直罵自己「太沒用了」。

　　不過，蔣薇並沒有就此消沉下去，她及時找到了學校心理學教授所主持的「心理門診部」尋求協助，希望教授能夠給自己開一些治療心理問題的「處方」。教授在了解蔣薇的情況後，沒有說什麼，而是在紙上寫了很多要求，邊寫邊告訴蔣薇，每天都要按照這些要求自省。

　　蔣薇拿到教授所開的「處方」後發現，這上面的種種「心病」似乎都與自己有關：因為有過一次不順心的經歷，就認為自己特別倒楣；總會不自覺地產生自卑心理，並影響自己的思想；總是用放大鏡擴大自己的不足和缺點，而縮小自己的長處和優點；否定一切，總是看到事情負面的部分，進而讓自己失去信心；遇到困難就將其歸咎於「運氣不好」，而不認為是自己犯的錯誤，不能做出客觀準確的評價。

　　於是，蔣薇按照教授的叮囑去做：當心情鬱悶不已或是無法控制時，就會記錄一下自己的負面情緒，並對照自己所出現的狀態是否與教授所開的「處方」一致，寫完之後進行自省，待心情好些之後再將其刪除。不久，蔣薇發現自己鬱悶、沮喪的心情漸漸有所緩解。

　　其實，教授給蔣薇所開的「神奇處方」就是運用自省意識療法來讓她重新建立自尊，提升自信，將自己當成一個值得尊敬和信賴的朋友。俗話說：「人生逆境十之八九，順境十之一二。」在成長的道路上，我們隨時會遇到各種挫折和失敗，進而讓我們產生失望、沮喪、慌張、憤怒等

Part1　戰挫有術：從敗局中找到取勝的招數

情緒。其實，挫折無處不在，雖然我們無法避免所有的挫折，但卻有辦法對付挫折，並進行自我調適，進而疏導這些不良情緒。

除了自省意識療法可以用來進行自我調適外，還有哪些方法可以對抗挫折所產生的受挫情緒呢？對此，有專家整理出以下幾種方法：

一是調整自己的認知，改變不合理的觀念。心理學家表示，其實，讓人產生強烈的挫敗感的並不是挫折、困難，而是人們對這些困境的看法。所以，當遭遇困難的時候，不妨試著轉換自己的視角，調整自己的認知。心境不同，看問題的視角自然也不一樣，對事物的認知結果也就不同。

比如，有位老太太有兩個女兒，大女兒是賣染布的，二女兒是賣雨傘的。這本來是件很好的事情，可是老太太卻每天愁眉不展。當下雨的時候，她會擔心大女兒的染布無法晾晒，生意不好做；當天氣晴朗的時候，她又擔心二女兒的雨傘賣不出去。鄰居得知這件事後，勸說她道：「老太太，你應該這樣想，天氣晴朗時，是大女兒發財的機會，可以晾晒染布，會賣得更多；陰雨連綿時，則是二女兒發財的機會，可以賣出更多的雨傘。」聽鄰居這麼一說，老太太頓時感到沒那麼憂心了。

二是正確認知自己。俗話說：「人貴有自知之明。」如果只看到自己比別人好的地方就妄自尊大；看到自己不如他人的地方就很自卑，沒有自信，這樣只會讓我們無法正確地看待成功和失敗。所以，只有正確地認知自己，才不會因為挫折而全盤否定自己，也不會因為取得成績而忘乎所以。正如尼采所說：「聰明的人只要能掌握自己，便什麼也不會失去。」

有這麼一則寓言故事：一隻狐狸在早上外出尋找食物的時候看到自己在晨曦中的影子，說：「我今天一定要找到一隻駱駝，用牠來做午餐！」可是找了一上午，牠沒有任何收穫。此時，正午的太陽照在牠的頭上，牠看了一下自己的影子，說：「其實，午餐只需要一隻老鼠就夠了。」

狐狸由於錯誤的認知，看到自己晨曦中的影子如此長，便認為自己力大無窮、無所不能，能夠將駱駝抓回來當午餐；而在中午影子變小時，牠又開始妄自菲薄，以為自己只能抓住老鼠。

三是呼吸調節法。這種方法是指透過調整呼吸來讓身體得以放鬆，進而緩解自己受挫的情緒。具體的方法是：選擇比較舒適的坐姿，閉上雙眼，將手掌放置於自己的腹部，以讓自己感覺輕鬆的方式呼吸，並注意自己的呼吸頻率不要太快太急；在呼吸的過程中，盡量將自己處於一個放鬆的狀態中；用鼻子吸氣，然後用嘴巴吐氣，緩慢而持續地做幾次深呼吸；深吸一口氣時，可以在心中默數 4 下，然後憋氣時默數 4 下，最後再緩慢地吐出氣息，此時，則在心中默唸 8 下，如此反覆吸吐 10 次。

四是養成良好的習慣。有專家表示，良好的習慣可以讓我們在日常生活中更好地適應環境和生活，並透過這些好習慣來逐漸改善自己的個性，因為不良的個性往往是導致挫折的重要因素。因此，美國心理衛生協會提出了幾條心理平衡要訣，以幫助我們培養良好的人生習慣。

比如，不要強求他人：如果總是把希望寄託在他人身上，一旦他人達不到我們的要求，就會大失所望；不要過分地苛求自己：如果做什麼都要十全十美，最終受害的往往是自己，應該將目標訂在自己力所能及的範圍中；不要處處與人競爭：如果處處與人競爭，只會隨時讓自己處於緊張的狀態，所以要秉承「萬事以和為貴」的理念與人相處；不要過分堅持己見：只要大前提不受影響，有時態度大可不必過分強硬，這樣就可以減少煩惱。

Part1 戰挫有術：從敗局中找到取勝的招數

Part2
戰勝恐懼：開啟心靈的「枷鎖」

美國著名業務員弗蘭克說：「如果你是懦夫，那你就是自己最大的敵人；如果你是勇士，那你就是自己最好的朋友。」所以，想要戰勝恐懼，想要練就一顆「強心臟」，就要在生命中注入勇氣，因為勇氣能夠幫助我們斬除絆住腿腳的荊棘。

Part2　戰勝恐懼：開啟心靈的「枷鎖」

尋找讓心中產生恐懼的「怪物」

　　吳馨是一名初中生，對她來說，最害怕的就是上課回答數學問題了，因為她對很多數學知識都不理解，自然一些數學題也解答不出來，所以每次上數學課時，她總是擔心老師會讓她站起來回答問題。可是怕什麼來什麼，在一次數學課上，老師點名讓吳馨到黑板前去做一道數學題。

　　此時的吳馨內心非常緊張，大腦一片空白，她看著黑板上的習題，雖然字她都認識，卻不知道什麼意思，更別說解題的思路了。可是，她又不能違背老師的意思，直接告訴老師「這道題我不會做」。好面子的吳馨只好硬著頭皮緊張地走到黑板前，此時，她多麼希望有同學能告訴她如何做。

　　當吳馨在黑板前站了幾分鐘時，她感覺好像過了好幾年，由於太過緊張，手心上冒出汗來，臉也漲得通紅。老師見她一直沒有抬筆要寫，便只好對吳馨說：「你回到座位上去吧，下次上課要注意聽講了，這道題目其實並不難。」吳馨看到老師失望的眼神，心裡感到很慚愧。

　　此後，雖然每次在上數學課前，吳馨都會告訴自己要好好聽課，以便能夠準確地回答出老師的提問，但一上課，當老師在臺上講課時，她越想要認真聽講，內心似乎就有一個「怪物」跑出來，妨礙她專心聽課，導致她總會想：如果與老師的眼神接觸，老師讓我回答問題，自己答不出怎麼辦？這樣老師會不會再次對自己失望？想到這裡，她就會不由自主地緊張、害怕起來，進而無法專心聽課。

　　其實，就學生來說，對上課回答問題、考試有所恐懼似乎是一件很正常的事情，可是事實上，故事中的情況並不正常。對於吳馨來說，起初只是對回答問題感到害怕，可是隨著恐懼的加劇，導致她一上數學課

就備受煎熬。其實，她心中所謂的「怪物」就是因為恐懼的加劇，讓她超級害怕上數學課。這已經超出一般意義上的害怕和緊張了，是一種病態的不良心理。

什麼是恐懼呢？為什麼我們總會感到恐懼，被恐懼所折磨呢？所謂的恐懼心理，是指在真實或是想像的危險中而深刻感受到的一種強烈而又壓抑的情感狀態。其主要表現有：神經高度緊張、注意力無法集中、內心非常害怕、大腦變成空白、無法正確判斷或控制自己的行為舉止等。

在日常生活中，似乎每個人心裡都會有感到畏懼的事情。比如，有的人害怕雷鳴閃電，有的人害怕天黑，有的人怕生病，有的人怕吃藥打針等。一般來說，人們之所以會產生恐懼的心理，往往與過去的心理感受和親身體驗有關。俗話說：「一朝被蛇咬，十年怕井繩。」如果人們在過去受過某種刺激，在大腦中就會形成一個興奮點，當再次遇到同樣的情景時，以往的經驗就會被喚醒，進而產生恐懼感。

比如，小林小時候曾有一次在家睡著了，媽媽擔心吵醒她，就沒有抱著她一起下樓，而是將她獨自一人留在家中。當小林醒來後發現天已經黑了，而媽媽卻不在家中，於是一直哭喊著叫媽媽。後來，媽媽回來了，小林依然大哭不止。從此以後，即使小林長大了，她也不願天黑時一個人在家，她對天黑產生了強烈的恐懼感，只要天黑獨自在家，她就會想到小時候的那段經歷。

另外，恐懼心理還與人的性格有關。有專家表示，如果一個人從小就比較害羞、膽小，在其長大後往往會比較內向、孤獨、不善交際，這類人往往容易產生恐懼感。

所以，恐懼就像是人的天敵，當我們面對恐懼時會產生緊張、慌亂、擔心等負面情緒，而這些情緒會讓我們變得裹足不前，最終戰戰兢

Part2　戰勝恐懼：開啟心靈的「枷鎖」

兢地等待失敗的到來。

不過，恐懼既是人們的天敵，也是人們的保護者，關鍵在於我們如何對待恐懼。有專家表示，有些恐懼是與生俱來的，它對我們具有某種保護的作用。從來沒有從高處跌落的孩子就不怕高嗎？答案是否定的。

有心理學家為此做過這樣一個實驗：他們將幾個嬰兒放在一張桌子上，並用透明的強化玻璃連接另一張桌子，以讓他們從玻璃上爬過去。可是，這些嬰兒並沒有那麼做。因為嬰兒看到這些玻璃會產生一種想法：它是不安全的，會讓他們掉下來。可見，嬰兒天生就對高度有所恐懼。這種天生具備的恐懼心理會讓我們躲避危險。

那麼，面對那些讓我們產生緊張、慌亂等負面情緒的恐懼，應該如何做呢？對此，有專家提出以下幾點建議：

一是提高認知能力、擴大認知視野。我們之所以對某些事物產生恐懼的心理，是因為認知能力比較低，無法判斷恐懼源。對此，專家建議，應該提高對事物的認知能力，擴大認知視野，掌握事物間的某些規律，做出正確的判斷，進而提高預見力，對可能發生的各種事情做好思想準備，繼而增強自己的心理承受能力。比如，多讀一些書籍，多參加一些有益身心的活動等。

二是鍛鍊自己的勇氣，培養自己的堅強意志。比如，在平時多參加一些訓練，置身於艱苦的環境下磨練自己，激勵自己不畏困難的勇氣。這樣即使自己陷入某種危險的情境中，也不會驚慌失措，並能夠冷靜地處理。

三是加強心理訓練，提高心態。比如，可以參加一些模擬危險情境的訓練，並在這種訓練中設定可能遇到的情況，進而有針對性地進行心理訓練。這樣不僅能夠有效地戰勝恐懼所帶來的緊張不安的情緒，還能提高內心的平衡性，增強自信和勇氣。

別用「怕死情結」嚇自己

在某家電氣工廠中，有一個工人從上班第一天就忐忑不安，因為他是在一個布滿高壓電裝置的工作檯上工作的，這讓他的內心感到很不安，總是擔心自己會不小心被高壓電擊中而身亡。所以，每天他都會帶著一份惶恐和不安的心情上班。

為了避免自己被高壓電擊中，他採取了各種必要的安全措施以防觸電：不僅穿了防觸電的衣服、戴了手套，就連頭部都戴上防觸電的保護裝置。雖然做足了這些準備，可是恐懼的陰影一直籠罩在他的心頭，揮之不去。

「不幸」的事情終於發生了：有一天，他沒有戴防觸電手套，不小心觸碰到了工作檯上一根裸露的電線，隨即倒地身亡了。可是，當驗屍官前來檢查他的屍體時竟然發現：他根本就沒有遭到電擊，因為當他觸及電線的時候，並沒有電流通過這根電線。可是奇怪的是，他的身體卻出現了觸電者的一切症狀：身體蜷縮起來，皮膚變成了紫紅色。事實證明，他是被自己的恐懼嚇死的。

人真的會被內心的恐懼活活嚇死嗎？確有其事。在美國某所大學，有幾個大學生因為惡作劇而將朋友嚇死：一天晚上，他們幾個人用一個布袋將一位朋友裝進袋子中，然後將其抬到火車站附近一條廢棄的鐵道上，並將其橫放在那裡，而他們幾個則在一旁看笑話。當火車站傳來火車出站的聲音時，被橫放在廢棄鐵道上的男子開始掙扎起來，可是他並不知道自己是躺在廢棄的鐵道上，其實火車只是從他身邊的鐵道經過。但隨著火車越來越近，那幾名大學生發現，在布袋中的朋友漸漸不再動彈，最後竟靜止不動了。待火車過去後，他們幾個人走到跟前去看朋友

Part2　戰勝恐懼：開啟心靈的「枷鎖」

的狀況，發現對方竟然已經死了。

當法醫檢查死者的屍體時發現，他的體表和內臟器官沒有任何損壞的痕跡。是自殺還是他殺？這起案子一時成了無法判定的懸案。

在心理學上，曾有一個非常著名的實驗：印度的幾位心理學家想要研究一下心理暗示的威力有多大，便從監獄中找到一個即將被處死的罪犯作為實驗對象。他們事先與警察溝通好，讓警察將罪犯帶到一間房子裡並告訴對方，現在所要採取的死刑執行方式是讓他的血流乾而死。然後他們將罪犯綁在床上，讓其露出手臂來，並將其視線遮擋住。

醫生拿著手術刀對罪犯說：「我現在要割開你的動脈。」並讓他看到那把明晃晃的刀，說完，就用刀在罪犯的動脈處輕輕劃了一下，但只是劃破了一點皮，並沒有流多少血。此時，心理學家則在罪犯的身邊放了一個盆子，用器皿將水一滴一滴地滴到盆子中。在安靜的房間中，只能聽見「嘀嗒」的水滴聲，而且心理學家還不時地說「已經 200 毫升了」，「已經 500 毫升了」……

漸漸地，罪犯的臉色變得愈發蒼白，似乎血真的快要流乾似的。不久，罪犯的呼吸越來越弱，最後竟然死去了！

醫學專家表示，恐懼往往會加速腎上腺素的分泌，比如，出現心率加速和心臟供血增加。可是，如果腎上腺素分泌過多或是持續時間過長，就會導致心臟因「過度勞累」而引起血管收縮和血壓升高。所以，腎上腺素驟增會導致心律失常，進而致命。

從心理學的角度來說，恐懼是一種心理障礙。這是一種「怕死情結」，即自己嚇自己。比如，有些人總是怕走夜路，晚上不敢出門，認為伸手不見五指的晚上很可怕。膽子大的人，即使再晚，走在外面也不會感到害怕。

恐懼是我們面臨的巨大心理挑戰，我們總會被各種沒來由的、荒謬

042

的恐懼因禁在無形的牢獄中，進而無法展現自我。其實，大多數情況下，恐懼是無法傷害我們的，只要克服來自內心的心理障礙，就能走出恐懼的陰影。

那麼，如何才能克服恐懼的心理障礙呢？對此，有專家建議，不妨透過自我調適訓練來克服恐懼情緒，主要步驟有：

首先，將引起恐懼的內容或是場面寫在卡片上。寫的過程中，越詳細、越具體越好，最好是按照由輕到重的順序進行排列，即最不恐懼的項目放在前面，而讓我們感到最恐懼的則放在後面，將其寫在不同的卡片上，依次放好。

其次，做鬆弛訓練的動作。主要做法是：選擇一個比較舒服的位置坐好，然後進行有規律的深呼吸，以讓全身得到放鬆。等到身體進入鬆弛的狀態後，拿出準備好的卡片想像上面的情景，越詳細、越逼真越好。

接下來，深呼吸，再次放鬆。如果在想像的過程中感到緊張不安，就不要再讓自己想下去，而是要停下來，進行深呼吸調整，以讓自己再度處於放鬆的狀態。在完全放鬆之後，再重新想像剛剛失敗的情景。如果還會發生不安、害怕，就重新停下來放鬆。如此反覆，直到卡片上的內容不再讓自己感到不安為止。然後按照同樣的方法來面對下一張卡片的內容，但每開始下一張卡片的想像時，都要以上一張卡片的內容不再引起緊張不安為前提，否則，不要進入下一個階段。

最後，重新訓練。當想像的場面和細節不再讓自己感到緊張或害怕時，便可以重新按照由輕到重的順序進行訓練。直至自己不再緊張不安、恐懼為止。

另外，當自己感到恐懼的時候，還可以運用潛意識，讓自己去想一些愉快的事情，盡量將注意力集中於美好的事情上，進而讓自己沉浸在美好的想像中。這會讓我們更有自信，心情會更加平和。

社交恐懼：自己就是一座孤島

程怡在上中學期間，英語成績一向不錯，每次考試都是班裡的前幾名。於是，在上大學的時候，她主修的是英語專業，每次考試都考得非常棒。可是讓老師和同學感到納悶的是，程怡的口語考試卻不過關。

在一次口語課中，當外教與程怡對話的時候，她卻滿臉通紅，不敢直視老師的眼睛，而且回答得結結巴巴。起初，大家以為她可能有些緊張。可是在每次口語課中，程怡都是這樣，而且一次比一次嚴重，最後，她竟然一句話也說不上來，只是滿臉通紅地站在那裡。

在英語口語考試中，她也是如此。明明她對答案瞭如指掌，卻怎麼也說不出來，無所適從地待在原地，眼睛看著自己的腳。很多同學看到這種情景，都替她著急。

其實，程怡在人際交往中也經常會有這樣的表現，除了家人，她不願與任何人交往，即使是同宿舍的人，她也只說一些必要的話。比如，借用一下你的某件東西等。除此之外，她再也沒有什麼話與同學講。當宿舍幾個人圍坐在一起，聊各種八卦，邀請程怡加入時，她就會心生排斥感。

後來，程怡花了5年的時間才將大學的課程勉強修完。畢業之後，她雖然找了一份英語教師的工作，但只做了一段時間就辭職了，因為她無法與學生進行正常的交流。最終，二十多歲的程怡只好「回家」了。

英國詩人約翰・多恩曾說：「沒有別人，你即是一座孤島。」社交，是人們在日常生活中必不可少的活動，如果不與任何人交往，如同讓自己置身於一座孤島上。可是，在現今的社會，很多人尤其是年輕的女性往往會在人際交往中感到惶惶不安，並會出現臉紅、出汗、說話結巴、手足無措等情況。心理學家將這種現象稱為社交恐懼症。

社交恐懼症又被稱為社交焦慮症，屬於焦慮症的一種，是一種在任何公開場合中與人交往都會產生強烈的恐懼和擔心的心理障礙。一般來說，這種心理障礙常常發生於青少年時期或是成人早期。當患者在社交場合與人接觸時，就會表現出過於擔心、緊張、害怕等，有的患者就連到商場購物、參加聚會等都會感到困難。

一般而言，社交恐懼症患者的具體表現有：他們不管置身於任何地方，都擔心自己會成為他人注意的焦點，害怕被他人關注；總是憂慮自己會做出一些丟臉的事情，所以非常注意自己的言談舉止；有時候會緊張得手發抖，以至於連字都無法寫出來等。

那麼，社交恐懼症產生的原因有哪些呢？對此，有專家條列出以下幾點原因：

一是生理原因。有專家研究發現，社交恐懼症之所以會產生是因為人體內的「5-羥色胺」（即血清素）的化學物質失調引起的。它主要是負責向大腦神經細胞傳遞資訊的，這種物質過多或是過少，都會導致人們產生恐懼的心理。

二是心理原因。一般來說，社交恐懼症患者往往自尊心較強，總是擔心被他人拒絕，或是對自己的外貌比較沒信心。

三是性格和家庭原因。有些社交恐懼症患者總是擔心與他人交往時會暴露出自己的缺點，因此害怕與人交往，最終讓他們迴避社會。另外，由於從小心理受到壓抑或是父母從來不教他們社交的技能，抑或是由於某種原因家庭搬遷比較頻繁，也會讓一些人害怕與人交往。

四是社會原因。有些社交恐懼症患者由於所處的環境比較複雜和惡劣，在與人交往的過程中常常受到挫折，進而導致他們害怕與人交往。

在了解社交恐懼症產生的原因之後，我們應該如何戰勝內心的恐懼？如何克服社交恐懼症呢？對此，有專家給我們提出以下幾點建議：

Part2　戰勝恐懼：開啟心靈的「枷鎖」

一是正確地認知自己。在心理學上有一個巴納姆效應，是指人們往往很容易受到外界資訊的暗示，進而導致自我知覺出現偏差，認為某種籠統的人格描述很準確地揭示了自己的性格特點。比如，我們在網路上做心理測試的時候，當看到那些籠統的結果與自己很相像時，就大呼「這測試真是太準了，我就是這樣的人」。

一般來說，性格內向的人往往會陷入這種效應中，他們總是給自己貼上「內向」的標籤，認為自己這種性格就應該是敏感、膽小、不擅長交際等，甚至有時候他們會完全地否定自己。對此，心理學家建議，要想戰勝恐懼的心理，就需要正確地了解自己，正確地面對自己的優點和缺點，這樣意識到缺點並不可怕，有時候它可能是一種獨特的優勢，進而才能讓我們勇敢地邁出去，走到人群中，願意與人交往。

二是不要以「習得性無助」為藉口。有些人常常以「習得性無助」為藉口來為自己的社交恐懼開脫。那麼，什麼是習得性無助呢？這是一種習慣性導致的無助感。有心理學家曾做過這樣的實驗：他們將狗作為研究對象，將牠關在一個鐵籠子裡，當蜂鳴器響起時，就會對狗電擊，而狗被關在鐵籠中根本無法逃脫被電擊的厄運。幾次電擊之後，狗形成了條件反射，只要聽到蜂鳴器響起，牠就會立刻倒在地上呻吟並顫抖不已。即使後來沒有了電擊，只有蜂鳴器響，而且鐵籠的門已經開啟了，牠也不會逃出去。

有些人正是如此，當與人交往受挫後便對自己的社交能力產生了質疑，最終患上社交恐懼症。所以，專家建議，想要克服社交恐懼症就要學會經常鼓勵自己，並讓自己在人際交往中處於主導地位，才能讓自己發揮得更好。

三是透過運動或是藉助某件物品來消除內心的恐懼感。比如，當內心感到緊張、害怕時，不妨讓自己兩腳平穩站立，然後將腳後跟輕輕踮

起，堅持幾秒後再放下，反覆做 30 下，每天都堅持做兩三次，便會消除內心的緊張不安；讓自己進行深長而有節奏的呼吸，不僅能夠緩解內心的緊張，還能建立自信。

另外，與他人交往的時候，如果內心感到緊張不安，不妨在手裡拿一些物品，比如一個自己比較喜歡的小玩偶或是小手帕等。這樣不僅能消除內心的緊張，還能讓自己找到一種安全感。

Part2 戰勝恐懼：開啟心靈的「枷鎖」

幽閉恐懼：缺失的安全感如何找回

最近，韓蕾剛剛進入一家大公司。在這家公司中，韓蕾覺得一切都不錯，唯一讓她感到不解的是，她的一位同事賀慧似乎有些「怪」，因為每次上下班韓蕾從來沒有在電梯中遇到過她，後來才聽大家說她喜歡走樓梯。這更讓韓蕾感到驚訝：公司可是在30樓呢，下樓還好一些，但要從一樓爬到30樓確實不容易。

有一次，賀慧可能有急事要外出。在電梯門口來回踱了幾分鐘之後，她不停地看著手錶，最終萬般無奈之下走進了電梯。當時，韓蕾也正好在電梯中。韓蕾發現，賀慧進入電梯沒多久，便感到有些無助，而且呼吸似乎也有些困難，只見她焦慮地望著電梯螢幕上的數字，似乎非常急切。

韓蕾立刻上前對賀慧說：「你沒事吧？要不要我幫忙？」賀慧沒有看韓蕾，只是衝她輕輕地擺了擺手。可是韓蕾發現她的臉色變得更加蒼白，而且腿似乎也有些無力，向下彎著。於是，韓蕾急忙說：「你試著深呼吸幾下，來，你和我一起做。」說完，她便帶著賀慧一起深呼吸。幾次深呼吸之後，賀慧似乎稍微有些好轉，但她還是感到很不適。

幸好這時電梯門開了，雖然還沒有到一樓，但是賀慧還是快步走了出去，韓蕾也跟著出去，攪著她的手臂，擔心她會暈倒。賀慧在電梯外待了幾分鐘之後，才漸漸有所好轉。事後，韓蕾從賀慧那裡得知，她只要在狹窄的空間中就會感到緊張不安，雖然她明知道自己的這份恐懼有些過分，而且沒有必要，但她無法控制，所以不在萬不得已的情況下她是不願坐電梯的。

其實，像賀慧這種情況的表現在心理學上被稱為幽閉空間恐懼症，是一種對封閉空間產生恐懼心理的障礙。比如，在電梯、飛機、車廂中

等都會出現這種情況。對於幽閉空間恐懼症患者來說，雖然他們明知道自己的這種恐懼是不合理的、沒有必要的，但卻無法控制這種情況，內心非常痛苦，進而影響正常的生活和工作。

有心理學家表示，從進化心理學的角度來看，雖然有時候「恐懼」對我們來說是一件好事，能夠讓我們在成長的過程中倖免於難，但如果失去了對恐懼的控制或是過分誇大某些事情的危險性，就會讓恐懼變成麻煩和負擔，進而影響我們的生活和工作。

從輕度幽閉空間恐懼症的患者來看，可能是由於個人的安全感缺失，自己的日常生活和工作過於壓抑，進而造成巨大的心理衝擊。有專家表示，狹小的空間、局限的視野都會在無形中讓人產生憤怒、緊張及不安等情緒。當這些不良情緒不小心被啟動後，就會產生強烈的情緒反應。

比如，小孫是做電話銷售工作的，每天都在一個狹小又擁擠的位置上打電話，而且還要承受銷售業績的壓力。在這個職位上工作一兩年後，小孫只要身處幽閉的空間中就會心生緊張、恐慌之感，他的脾氣也變得越來越暴躁，稍有不順就會發怒。

那麼，如何才能找回缺失的安全感呢？如何才能走出幽閉恐懼的陰影呢？如何才能克服幽閉空間恐懼症呢？對此，有專家提出以下幾點建議：

一是多做一些放鬆訓練。比如，可以透過調整自己的呼吸，讓身體的區域性肌肉逐步得到放鬆。當肌肉慢慢放鬆後，我們就能透過調控自己的肌肉緊張程度來對抗可能出現的空間恐懼。

二是走進大自然。如今，很多人都習慣在休息時躺在家中看電視、玩手機、玩遊戲等，或是在商場、超市購物打發無聊的時間。對此，專家建議，在週末或是節假日，我們應當盡量遠離城市生活，讓自己走進

大自然中。可以去周邊的郊外或是小鎮上住上兩天，一來放鬆一下自己緊張的情緒，二來也給自己的心靈放個假。

三是加強體能鍛鍊。對於很多幽閉恐懼患者來說，由於長時間生活在狹小的空間中，他們的生活變得異常沉悶，進而導致情緒受到影響，也會有損身體健康。對此，專家建議，應該透過體能鍛鍊來調整自己的生活節奏，以加速血液循環，進而有效地緩解緊張不安等情緒。

四是藥物治療。如果患有幽閉空間恐懼症比較嚴重的，就需要根據醫生的建議採用藥物治療，以此消除患者的焦慮、緊張不安等情緒，淡化恐懼。常用的藥物有阿普唑侖、硝基安定等鎮定類藥劑（請依照醫師指示用藥）。

異性恐懼：我是不是太不「純潔」了

　　田靜今年20歲了，是一個漂亮而又文靜的女孩。在父母的眼中，她是一個聽話、懂事的孩子，對父母的話言聽計從，從來不做叛逆的事情；在老師和同學的眼中，她的成績一向優異，而且以高分考入了一所知名大學。如今，田靜在大學的成績依然非常好，除了上課以外，她會一個人到圖書館看書。她的時間幾乎都用在學習上，這讓父母和老師都對田靜讚許有加。殊不知，田靜的內心一直處於痛苦之中。

　　原來，田靜非常害怕與男生交往，所以到現在她一直都沒有談過戀愛。只要有男生提出與她交往的請求，她都會立刻拒絕。其實，她的內心是非常希望能與男生接近的，可是一旦對方接近她，她就會產生緊張不安、焦慮的情緒。

　　最近，田靜傾慕的一位學長向她表白了，這本來是一件非常開心的事情。可是，當學長向田靜表白時，田靜緊張得臉都漲紅了，額頭上冒出細細的汗，而且目光不敢與學長接觸，本來內心有些話想要說，卻因為緊張不安而說不出一句話來。她就手足無措地站在那裡。

　　學長以為田靜只是害羞，還沒有等她答應自己，就將準備好的表白信和花放在田靜的手裡。當田靜的手與學長的手碰了一下後，田靜像被什麼東西咬了一下似的，立刻甩掉學長遞來的表白信和鮮花，並且害怕得後退了好幾步。這讓學長有些灰心喪氣，他以為田靜很討厭自己，只好撿起地上的表白信和花，神情落寞地離開了。

　　此時的田靜感到很痛苦，她不知道自己到底怎麼了，明明內心有與男生接近的強烈意願，可是一旦有男生靠近自己或是盯著自己，她就感到異常緊張、害怕……

Part2　戰勝恐懼：開啟心靈的「枷鎖」

其實，像田靜這種情況是患了異性恐懼症。對於異性恐懼症患者來說，在他們的潛意識中，一方面希望能與異性接觸；另一方面卻會因此而產生嚴重的焦慮、不安等情緒。所以，他們在異性面前往往會感到很害怕，不敢與異性的目光相接觸，也不敢與異性交談；即使與對方交談，也會面紅耳赤、結結巴巴；一旦看到異性朝自己走過來，就會感到緊張不安，而且流汗不止。

一般來說，異性恐懼症大多出現在 14～17 歲的女孩身上。在這個年齡層，她們正處於上學或是升學的緊張時期。當內心出現有關性的妄想時，就會讓她們覺得自己很不「純潔」，進而讓她們感到害怕，擔心自己的這種妄想會影響學習和考試，所以會極度地壓抑和克制自己成熟的性本能，進而背負著沉重的精神枷鎖。這種衝突會消耗她們的精神能量，最終導致她們對異性產生恐懼。正如心理學大師佛洛伊德所言：「女孩在悔恨與羞恥中轉變成女人，過度的性壓抑就是異性恐懼症之源。」

對於異性恐懼症的患者來說，尤其是女生，她們在成長的過程中可能被家長過分地保護，家長從來沒有教給她們關於性的知識，而在情竇初開時，內心產生的性妄想會讓她們害怕不已，極度壓制這種想法，進而讓她們患上精神疾病。有心理學家曾歸納出這樣的「等式」：心理衝突＋靈魂患病＋軀體異常＝神經病源。可以說，產生這種病源的根本是心理造成的，會導致機能失調和生理發生障礙，而心理上的干擾往往要比流行性疾病或是地震更加危險，它如同一種致命的邪惡駐留在人的身體裡。

有專家分析，異性恐懼症其實是一種心理倒錯，對於異性恐懼症患者來說，他們恐懼的往往不是外在的性對象，而是他們內心的性妄想。這種倒錯首先從視線中表露出來，即害怕與異性發生目光接觸。當與異性相處時，總是強迫自己產生一些奇怪的想法。比如，對方非常討厭自己、對方完全不穿衣服等。

其實，異性間相互吸引是非常正常的人際關係。那麼，為什麼有些人會對異性感到害怕呢？如何才能克服異性恐懼呢？對此，有專家提出以下幾點建議：

一是家庭教育影響。在很多家庭中，由於父母採取封閉式的教育方法，特別是女孩子，父母總是給她們灌輸要潔身自愛的思想，而很少給她們正面的指導和啟發，所以她們有關性的知識和認知往往很片面，也對此感到困惑。有些人隨著年齡的增長和知識的累積，這種困惑自然地得到消除，可是有些人卻因為困惑得不到消除，進而將這種問題長期地累積下來，導致其心理和行為受到影響，繼而患上異性恐懼症。對此，專家建議，父母應該科學而合理地引導和教育孩子，以讓他們形成正確的人際交往觀念。

比如，上文的田靜從小就被父母過分地保護起來，並經常告訴她要懂得潔身自愛，不要與男生打交道。所以，田靜從小到大幾乎都不曾與男生交往，進而造成只要是男生靠近她，她就感到緊張不安。

二是多與異性接觸。一般來說，如果與異性接觸的機會比較少，那麼，接觸經驗就非常少，面對異性往往會感到不知所措，而越不知所措，就越感到害怕、不安。對此，專家建議，如果是接觸異性的機會太少造成的，就需要增加與異性接觸的機會，而不能一味地逃避，這樣只會形成惡性循環。

三是妥善處理與異性交往時曾受過的挫折。有的人在與異性交往時可能被嘲笑過、冷落過，再見到異性時就會感到有些難堪。而這種難堪久而久之會形成反感，最後發展成為緊張不安。對此，專家建議，不要因為與異性交往受到一點挫折就否定了自己與異性交往的能力，更不要因為挫折就不再與異性交往，而是要在與異性交往前，就將這些嘲笑、冷落預計在內，而且要相信自己一定會遇到彼此喜歡的異性，對方也一

Part2　戰勝恐懼：開啟心靈的「枷鎖」

定會包容自己的一切。

　　比如，小婕在上學時曾被男生嘲笑和奚落「太像個男生，是一個十足的假小子」。可是小婕並沒有感到難堪和尷尬，她認為每個人有自己的風格，有的女生喜歡將自己打扮成公主，有的女生則喜歡打扮成男孩子的樣子。所以，小婕還是勇敢地與男生交往。後來，有些男生很喜歡小婕真實而率直的個性，而且還有人當眾向她表白。

恐婚族：為什麼要被一紙婚書捆綁住

　　錢鑫與曉娟已經談了三、四年的戀愛，按理說，他們應該走入婚姻的殿堂了，可是曉娟卻不這麼認為，她認為談戀愛挺好的，也非常輕鬆，不用顧慮那麼多事情，何必非要用一紙婚書將兩個人捆綁在一起呢？而且結婚太麻煩了，不僅要提前準備各種事情，還要兩家坐在一起商量來商量去。所以，每次錢鑫提出結婚的事情時，曉娟就不願與他討論。

　　最近，錢鑫的父母催得比較緊，這讓錢鑫不得不再次將結婚的事情向曉娟提出來。曉娟一聽，立刻反感地問：「為什麼非要結婚呢？我們現在相處得不好嗎？」錢鑫回答道：「雖然我們現在相處得不錯，但畢竟我們的年齡也大了，到了結婚的年齡了。何況最近家裡人也比較著急，我們還是早點結婚吧。」

　　曉娟聽了有些生氣：「結婚是我們兩個人的事情，為什麼家裡一催，你就著急呢？我都說了多少遍我不想結了，你怎麼不聽我的呢？」錢鑫不甘示弱地爭辯道：「談戀愛最終不就是為了結婚嗎？哪有談一輩子戀愛的。」曉娟更加生氣地說道：「反正我就是不想結，如果你想結，你找其他人結吧。」聽了這話，錢鑫也很生氣，不再與曉娟爭論。

　　後來，錢鑫再提起結婚的事情時，曉娟便會沉默以對，採取「冷處理」的態度，這讓錢鑫很無奈，而且不管錢鑫如何勸說，曉娟死活都不同意。

　　著名作家錢鍾書先生曾在《圍城》中說過這麼一句話：「婚姻是一座圍城，城外的人想進去，城裡的人想出來。」可以說，每個人對於婚姻都有不同的理解：有的人認為婚姻是兩個人相愛相守的最終承諾；有的人認為，一紙婚書雖然看似單薄，卻能讓愛情得以昇華；也有的人認為，

Part2　戰勝恐懼：開啟心靈的「枷鎖」

婚姻是愛情的墳墓，是將兩個人捆綁在一起的枷鎖。正是由於每個人對婚姻的理解不同，對於婚姻的看法也有所不同，所以有的人心懷憧憬，希望與心愛的人走入婚姻殿堂，而有的人卻對婚姻心存恐懼，甚至成了「恐婚一族」。

戀愛、結婚本來是人生的喜事，可是像曉娟那樣的人，一旦面臨結婚的議題總會產生一種莫名的恐懼和顧慮，甚至在婚期來臨前會出現想要臨陣脫逃的想法。其實，這是一種逃避的心理在作祟，心理學家稱這種現象為結婚恐懼症，是一種具有代表性的現代社會心理疾病。其主要表現是：易焦慮、煩躁、冷淡、沉默寡言等，這往往會對個人的生活和工作產生很大的影響。

那麼，是什麼原因導致有些人對結婚產生恐懼呢？有專家分析整理了以下幾個原因：

一是父母失敗的婚姻。如果孩子在小時候經常目睹父母吵架，就會對與異性在一起生活產生恐懼感。更為嚴重的是，有的孩子長大後會與異性完全隔絕，因為他們從父母那裡只看到了吵架，卻從來沒有學習過如何與異性交往。另外，家庭暴力的影響尤為嚴重。如果父親經常以暴力對待母親，女孩長大後便無法與男性正常交往。

二是不願承擔責任。現今，很多年輕人都是獨生子女，總是習慣於接受他人的關懷和照顧，卻不懂得如何照顧他人和承擔責任。當婚姻臨近時，他們發現需要自己承擔的責任越來越多、越來越重，比如，需要還房貸、車貸，需要贍養老人等，這會讓他們感到很害怕、緊張。另外，在結婚前，總聽其他人講一些有關婚姻的負面事情，更讓他們心生恐懼。

比如，上文的曉娟之所以對婚姻產生恐懼，就是因為錢鑫每次與她談論結婚的事情時，總是會提及以後買房還房貸的事情，這讓曉娟感到

壓力很大，就認為還是談戀愛比較好，不用考慮這麼多事情。

三是孩子問題。孩子問題有時候會成為結婚過程中不可調和的一種矛盾。夫妻一方非常希望有一個孩子，而另一方卻不願生小孩，這種不可調和的矛盾導致兩個人經常會為此吵架，甚至最終以離婚收場。如今，很多女性都會圍繞孩子的問題不斷逼問丈夫，導致家庭矛盾越來越大。比如，「生孩子難產時是保大人還是保孩子」，「如果保大人，我以後不能生怎麼辦」等。

四是媒體與社會的負面宣傳。如今，很多媒體經常對婚姻問題進行過多的剖析，將婚姻的陰暗面「暴露」出來，比如，夫妻婚內因種種矛盾而爭房產、婚內出軌等。另外，社會輿論也對婚姻進行負面的宣傳。一些準備結婚的人在看到或聽到這些資訊後會產生一種無形的壓力和恐懼感，總是對婚姻抱著各種擔心和恐懼。

在了解婚姻恐懼症產生的原因後，我們就可以尋找相應的解決方法了。對此，有專家提出以下幾點建議：

一是用筆寫出自己的擔心和恐懼。專家建議，當自己感到擔心、恐懼的時候，不妨用筆將這些想法寫出來，看看自己到底擔心和恐懼哪些事情：是婚後沒有了自由，還是擔心未來經濟壓力比較大。其實，當我們將自己的顧慮寫下來之後會發現，有些擔心往往是多餘的。

二是開誠布公地與你的對象及時溝通。如果發現自己的擔心和顧慮確實存在，不妨找個時間與對方好好溝通一下。如果擔心兩個人的感情問題，可以與結婚對象開誠布公地談一談，這總比一個人畏縮不前要好得多；如果擔心婚後不知如何處理與對方家庭成員的關係，則可以多花一些時間了解他們，嘗試與他們相處、溝通，進而緩解自己對未知生活的恐懼；如果擔心自己婚後的生活，不妨向身邊結過婚的朋友或是自己的父母請教經驗，讓自己做好心理準備，不再為此擔心、害怕。

Part2 戰勝恐懼：開啟心靈的「枷鎖」

三是接受專業人員的心理輔導。如果對婚姻的恐懼較為嚴重，不妨接受專業心理諮商師的指導，在專業人士的指導下做一些心理建設，以培養積極的心態和情緒，最終消除負面的情緒。

勇氣和自信：練就一顆「強心臟」

有一個小男孩非常害怕家養的動物，但這些動物並不是體積龐大的馬或是驢，而是體積中等的鵝。也不知道為什麼，他只要看到鵝就會嚇得全身發抖，看著牠們伸著脖子朝自己走來，他就擔心牠們是來啄自己的。

原來，有一次，他去叔叔家裡玩耍，正玩得開心的時候，一隻大白鵝突然朝他跑了過來。他頓時嚇得哭了起來，邊哭邊逃跑。之後，他就對鵝心存陰影。

一次，他再度到叔叔家玩耍。這次到叔叔家之後，他千叮嚀萬囑咐叔叔，一定要將家裡的鵝看好了，別讓牠們跑出來了。可是，叔叔有很多事情要忙，後來就把這件事忘記了。

當他正玩得開心時，上次那隻大白鵝再次「逃」了出來，朝著小男孩飛奔過來。這次，他依然撒腿就跑。可是，就在他逃走時卻發現叔叔擋住了他的去路，手裡拿著一個笤帚，嚴肅地對他說：「難道你想一直被鵝追趕著嗎？難道你要一輩子都害怕牠嗎？如果你想不再懼怕牠，就要勇敢地戰勝牠！你要相信自己一定可以做到。」說著，將手中的笤帚遞給了小男孩。

小男孩猶豫地接過笤帚，望著叔叔，又轉過身，望著即將衝到眼前的大白鵝。他舉起笤帚衝著大白鵝吼叫一聲，並衝向牠。大白鵝見狀，立刻掉頭逃跑了。本來小男孩內心還有些怯懦，看到這樣的情景，他立刻有了勇氣，奮力追趕大白鵝。最後，他還用笤帚打了一下那隻鵝，鵝頓時嚇得落荒而逃。此時，他感到很滿足和開心：原來自己一直懼怕的動物，這麼不堪一擊啊。

之後，他再也不怕鵝了，而且那隻鵝再見到他都會躲得遠遠的。他非常感謝叔叔，可是叔叔卻告訴他：「這是因為你的勇氣，和我沒有任何

Part2 戰勝恐懼：開啟心靈的「枷鎖」

關係。」從此，小男孩明白了一個道理：越是自己害怕的事物，越要勇敢地面對。只要自己有決心、有勇氣面對，就一定能將恐懼打敗。

這個小男孩的名字叫艾森豪威爾，他曾做過美國總統，是美國歷史上唯一當上總統的五星上將。雖然出身貧寒，可是歷經苦難的他卻走到了人生的頂點。他用自己的經歷和事實告訴我們：「要想以後不害怕，那就戰勝它！」在日常生活和工作中，我們總會被各種恐懼困擾著，並被恐懼打倒。其實，很多時候我們並不是被恐懼打敗的，而是被自己打敗的。只要克服內心的恐懼，鼓起勇氣去面對，並與其抗爭，就必然能夠戰勝恐懼。

美國著名業務員弗蘭克說：「如果你是懦夫，那你就是自己最大的敵人；如果你是勇士，那你就是自己最好的朋友。」所以，想要戰勝恐懼，想要練就一顆「強心臟」，就要在生命中注入勇氣，因為勇氣能夠幫助我們斬除絆住腿腳的荊棘。

比如，剛開始學習游泳的人對水往往心存畏懼之感。此時，最好的辦法就是拿出勇氣，進入水池中，與水親密接觸，恐懼感就會漸漸緩解。水性熟悉之後，反覆地練習，恐懼心理就會逐漸消失。

其實，勇氣是可以透過後天經歷鍛鍊出來的。英國著名作家蕭伯納在年輕的時候因為膽小而不敢見人，當被人邀請去家中做客時，他總會在門前徘徊良久，卻不敢上前敲門。可是後來，他卻因為幽默的演講而聞名於世，靠的正是持續的勇氣訓練。那麼，如何在自己的生命中注入勇氣呢？如何練就一顆「強大的心臟」呢？對此，有專家提出以下幾點建議：

一是積極面對各種恐懼。不管我們恐懼什麼，都不要一味地躲藏和逃避，因為逃避並不是辦法，只有積極地面對，才有可能接受並克服恐

懼，最終才能戰勝它。比如，艾森豪威爾在小時候因為對鵝心生恐懼，所以每次看到鵝就會嚇得飛快地逃跑，可是後來他勇敢地面對時，才發現對方竟然如此不堪一擊。

二是對自己做出客觀的評價。只有看到自己的優勢和不足，肯定自己的才能，並用積極的態度來看待自己的缺點，才能擺脫自我束縛。

三是積極參加一些團體活動。有專家表示，多參加團體活動往往可以幫助我們克服恐懼的心理，也能讓我們更加勇敢地面對困境。

除了勇氣能夠練就一顆「強大的心臟」，讓我們戰勝恐懼外，自信也會讓我們無所畏懼。正如富蘭克林・羅斯福所言：「實現目標的唯一障礙就是今天的懷疑，讓我們以積極的自信心堅定地向前邁進。」

有一天，拿破崙去樹林中打獵，突然聽到不遠處傳來呼救的聲音，他急忙循著聲音找了過去，發現有人落在水中。眼看那人即將溺水，於是，拿破崙立刻拿起獵槍指著那人喊道：「你趕緊爬上來，要不然我就開槍打死你。」那人聽了竟然奮力地游到岸邊，最終獲救了。

那個人死裡逃生後，氣憤地質問拿破崙：「你為什麼說要開槍殺我？」拿破崙卻微笑道：「如果我不這樣說，你就不會拚命游到河邊，那樣你肯定就會被淹死。因為我也不會游泳，只能採用這個方法。」

落水的那個人由於對死亡的恐懼而讓他差點喪命，而他得救的方法也是因為對死亡心生恐懼。當人面對死亡的威脅時，完全有能力進行自救，就是依靠潛能自信，拿破崙正是運用這一點而讓落水者死裡逃生。

所謂的潛能自信就是指當人陷入險境時，會爆發出一種自信的潛能。很多人在面對恐懼時，往往會被恐懼所摧毀，所以，我們不要在遭遇恐懼時迷失自己，而是要始終保持自信，這樣才能走向成功。正如心理學家丹尼斯・威特利所說：「多數成功者相信自己的價值，健康的自信

是通往巨大成就和幸福的大門，或許這比其他的品格顯得更重要。」那麼，如何才能建立自信來戰勝恐懼呢？對此，有專家提出以下幾點建議：

一是學會肯定自己。有位詩人曾這樣讚美自己的朋友：「儘管你的天空不是最亮最大，但它是屬於你自己的；你也許不是最優秀的，但卻是很獨特的。」所以，我們要學會肯定自己，才會越來越有自信。

比如，可以在紙上寫出自己的三個優點和缺點。當做某件事時，多想想自己的優點以及自己曾經做成功的某些事情，就能有效地提升自信。這就是所謂的自信蔓延效應，會讓我們變得更加有自信。

二是給自己樹立恰當的目標。如果目標定得太低，很容易實現的話，往往無法增強自己的自信；但如果目標定得太高則無法實現，會讓我們喪失自信。所以，我們應該為自己樹立合理而恰當的目標，讓自己用力跳起來時剛好能碰到，才能不斷地提升自信，戰勝恐懼。

三是運用自我暗示，強化正面心理，避免負面心理。比如，當我們遇到困難和產生恐懼時，在心裡不斷地對自己說「我一定可以的」、「我肯定能做到」之類的話，就會強化自己的積極心理，進而不斷地提升自信。

Part3
澆滅憤怒：別讓憤怒之火燒傷自己

> 俄國著名作家列夫‧托爾斯泰曾說過：「憤怒使別人遭殃，但受害最大的卻是自己。」的確，當人處於憤怒的情緒時，很容易被憤怒矇住雙眼，而失去理智，形成錯誤的判斷，最終做出讓自己後悔不迭的事情。

Part3　澆滅憤怒：別讓憤怒之火燒傷自己

為何憤怒之火總易燃起

　　週末，蘇然受到好朋友的邀請，讓她到家裡做客。在前往的路上，蘇然心想去他人家中做客怎能空手而去，於是，在經過水果店的時候她準備買一些水果。

　　當蘇然在水果店買香蕉的時候，發現她所選的那串香蕉有兩根已經變黑了，而且還有一些疤痕。她本想詢問一下老闆能不能將那兩根壞的香蕉掰下來，可是她發現店內的客人比較多，老闆正在忙著算帳。於是，蘇然便直接將其掰掉，放在一堆香蕉旁邊。

　　蘇然選好其他水果之後便去找老闆結帳，當老闆算錢的時候看到蘇然拿來的那串香蕉，再看了看香蕉攤位上有兩根孤零零的香蕉，便質問蘇然：「是你將那兩根香蕉掰下來的嗎？」蘇然不以為然地回答道：「那兩根香蕉已經壞了，剛剛想詢問您是否能掰，但您正在忙，我就沒有多問，直接將它們掰下來了。」

　　老闆有些不滿地說道：「那你也不能還沒經過我的允許就隨意將香蕉掰下來，這樣我還怎麼賣？」蘇然也有些不快：「我總不能買壞的香蕉吧？何況我是買這些水果去朋友家做客的。」可是老闆卻不依不饒，還在那裡嘟囔著，這讓蘇然感到很氣憤，心裡有些不快，說話也沒了分寸：「你將這壞的水果賣給客人就有些缺德了，人家吃壞了肚子怎麼辦呢？」

　　老闆一聽，立刻生氣道：「你說誰缺德呢？你怎麼這麼沒有教養？」蘇然聽了更加氣憤，與老闆吵了起來。後來在其他人的勸解下，蘇然才忿忿然地離開了水果店。水果沒買成，朋友家也不想去了，蘇然給朋友發了一個簡訊，就氣呼呼地回家了。

　　在日常生活中，我們常常會遇到類似的事情：夫妻間會因為一點小事而吵架，最後兩人怒目相向；孩子因為淘氣或是不好好念書，父母便

會因此氣憤不已；上司責罵下屬，下屬對此心生怨氣……這些事情都會讓我們的怒火迅速燃燒起來。

人們的「憤怒」到底是從何而來呢？為什麼我們總是很容易生氣呢？憤怒是指個體的願望無法實現，或是為達到某種目的採取的行動受到挫折時，引起的一種緊張且不愉快的情緒，這是人們在受到外界的某種刺激時產生的反應。正如一位心理學家所說：「憤怒的情緒來自於那些讓我們感到不公平的事」。

所以，憤怒是一種正常的情緒反應。可是，從本質上來看，憤怒分為健康的憤怒和不健康的憤怒。所謂健康的憤怒是出於理性的思考，在客觀分析引起人們憤怒情緒的起因後，形成正確的認知行為，即我們常說的「對事不對人」。在這種狀態下，人們往往不會做出過分的攻擊行為，更不會殃及池魚，向其他人肆意發洩自己的不滿。

比如，小王的主管雖然在工作上會因為某些事而生氣，但他從來都是對事不對人，事情解決後，他就會像往常一樣對待員工，從來不會因為員工做錯某件事而對其大發雷霆。

而不健康的憤怒則會對人的身心健康產生很大的影響，往往不經過大腦的理性思考，一旦出現憤怒的情緒，就會失去冷靜思考的能力，對他人進行言語、肢體攻擊等，而且還會殃及其他人，繼而形成連鎖反應，讓周圍的人都受到傷害。

比如，某位顧客在飯店用餐時，因為他所點的飯菜遲遲未上，這讓他大為惱火。當服務員前來解釋時，他不僅惡語相向，竟然還拿起桌子上的開水潑向服務員。當家人和其他人對其進行勸阻時，他還連其他人一起痛罵。

另外，還有一種「自尊感情」的情緒，即認為自己是有價值的，但並不是我們常說的「自尊心」。當我們聽到他人說「你這個人沒有價值」、

Part3　澆滅憤怒：別讓憤怒之火燒傷自己

「你不配做人」等話時，就是傷害了自己的自尊感情。其實，這種話很容易激怒他人，對方往往會出於自尊感情而對說話者進行語言、肢體的攻擊，這也屬於不健康的憤怒情緒。一般來說，「自尊感情」高的人對他人的侮辱言語或行為並不在意，也不會影響自己對自己的評價，更不會因此而憤怒；而「自尊感情」比較低的人，則一點侮辱也忍受不了，會立刻動怒。

那麼，如何才能控制我們的怒火呢？對此，有專家提出以下幾點建議：

一是用知識充實自己的頭腦，克制自己衝動的情緒。想要控制自己的怒火，就需要多讀書、多學習，用豐富的知識來充實自己的頭腦，擁有更多的社會、人生方面的知識，以完善自己的道德意識。讓我們知道什麼是好的、壞的、美的、醜的等，讓自己更深刻地認知問題，進而更理智地處理問題，最終更好地克制自己的衝動情緒。

二是學會控制自己的想法。當我們生氣的時候應學會控制自己的想法，用理智來化解外界的刺激。比如，當他人不小心踩了我們一腳時，不妨試著這樣想：人家也不是故意的，雖然被踩了一下有點痛，感覺有點心煩，但也沒有多大的事，發火也解決不了任何問題，最後還要生一肚子的氣。

三是試著推遲發怒的時間。如果我們總是因為某件事而憤怒，不妨試著推遲自己的發怒時間。比如，如果這次是 10 秒後發怒的話，下次就推遲到 20 秒……一旦意識到能延遲自己的憤怒，我們就能學會控制自己的怒火，漸漸地，我們就能完全掌控情緒。

怒火攻心，憤怒會讓全身「中毒」

　　張彬是某公司的員工，在公司已經做兩年多了。可是，讓張彬非常苦惱的是，自己的頂頭上司是一個喜怒無常的人，只要下屬稍微有些過失，他就大發雷霆，訓斥的話語非常難聽。因此，張彬幾度產生辭職的想法。

　　近日，當張彬將一份報表交給上司的時候，上司在看完報表後發現其中有一處錯誤，頓時，他的臉馬上拉了下來，厲聲對張彬說：「你怎麼連這點小事都做不好，真是一個廢物。」張彬一聽，心裡頓時感到很窩火：至於嗎？一點小錯誤就受到這樣的指責。雖然他心裡很生氣，但是當著上司的面又不好發作，所以一直隱忍著。從上司的辦公室出來後，他邊工作邊生悶氣，工作也做得非常不順心。

　　在下班坐車的時候，張彬還是感到心氣不順。當他正在悶悶不樂的時候，公車突然急煞車，一個乘客沒有站穩，一下子踩在張彬的腳上。這讓張彬頓時很火大，憤怒地大聲質問對方：「你怎麼回事呢？」對方自知理虧，但聽張彬語氣這麼差，也沒有道歉，憤怒地反擊道：「這不是急煞車嗎？誰能預料到啊！至於嗎，一個大男人因為這點小事斤斤計較。」後來，兩個人在車上你一言、我一語地爭吵起來。

　　回到家後，張彬越想越感到火大：自己在公司是「受氣包」，沒想到在路上還遇到讓自己氣憤不已的事情。直到睡覺，他都悶悶不樂。

　　幾個月後，在公司安排的體檢中，張彬被檢查出來心腦血管有問題。當得知生病的原因竟是因為經常生氣引起時，張彬感到很震驚：難道生氣會對身體造成這麼大的傷害嗎？

　　的確如此。當人在生氣、憤怒的時候，全身的肌肉、心率、血壓、呼吸頻率等都會有所反應。有醫學專家表示，當人處於憤怒的情緒狀態

Part3　澆滅憤怒：別讓憤怒之火燒傷自己

時，身體會分泌大量的腎上腺素，導致血壓突然升高。所以，憤怒會對心腦血管系統產生非常嚴重的影響。《黃帝內經》當中也指出：「怒傷肝、喜傷心、憂傷肺、思傷脾、恐傷腎。」可見，憤怒對身體健康的影響有多大。

有研究發現，當人生氣的時候，會產生非常劇烈的生理反應，而且分泌物還具有「毒」性。所以，經常發怒的人很難保持身體健康。

對於很多人來說，憤怒往往是最不容易處理的一種情緒。調查發現，每個人每週平均都會發怒兩次，而且男人的發怒程度往往更大一些，女人發怒的時間則會更長。經過研究發現，當人生氣的時候，10分鐘消耗的精力不亞於參加一次3,000公尺的賽跑。

有專家認為，雖然憤怒和長跑都會導致人的血壓上升、心跳加快，但長跑是血壓緩慢上升，並且會出現心跳加快，但回落的過程同樣比較緩慢。但是當人憤怒的時候，血壓是瞬間上升的。尤其是身體不好的人或是一些年紀比較大的人，在憤怒時很容易出現腦溢血、心肌梗塞等症狀，並且還伴有失眠、多夢、心煩意亂等狀態，進而會誘發更多的疾病，嚴重者，還會引發猝死。比如，三國時期的周瑜，總是因為諸葛亮的才能高於自己而生氣，最終，他因為生氣導致箭瘡迸裂，連叫數聲「既生瑜，何生亮」而氣絕身亡。

除影響身體健康外，憤怒還會對人的判斷力產生很大的影響，並會嚴重損害人際關係。當我們處在憤怒的狀態時，會自以為是地對威脅做出反應，但這樣看起來卻愚蠢至極。比如，小王因為一點小事而與同事發生了爭吵，當其他人過來勸阻的時候，他卻怒不可遏地說道：「狗拿耗子——多管閒事，你們管好自己的事情就行了。」之後，很多人都不願意與小王相處了。

在日常生活中，憤怒似乎成了很多人的生活常態。針對各國人等紅

燈的忍耐時間調查發現，德國人忍耐的時間是 60 秒，英國人是 45 秒，美國人是 40 秒，而中國人則僅有 15 秒。為何向來隱忍的中國人越來越控制不住自己的怒火呢？有心理專家分析，一是各種壓力是產生憤怒的根本原因；二是遠離自然環境，讓生活在城市中的人們越來越感到不安；三是缺少溝通和朋友，只能透過發怒來宣洩內心的不平。

那麼，既然知道憤怒會對身體和心理造成如此嚴重的影響，我們應如何緩解自己的憤怒呢？對此，有專家提出以下幾點建議：

一是深呼吸，藉助其他事物來轉移自己的憤怒。當我們處在發怒的狀態時，不妨深呼吸幾次，並藉助其他東西轉移自己的憤怒。比如，聞一聞身邊的花草。因為嗅覺對人體會產生很大的影響，能夠影響後腦、前腦等。所以當我們生氣時，可以聞一聞身邊的花草，並深呼吸四、五次，你會發現自己的憤怒情緒有所緩解。

二是降低自己的聲調和語速。當我們生氣發火的時候，最明顯的表現就是聲調非常高，而且語速也不由自主地加快。所以，當發現自己即將發怒的時候，即便已經是怒火中燒，也不妨要求自己降低說話的聲音，並且用緩慢的語調說出來，這樣你會發現怒火在漸漸平息。

三是暫時迴避讓我們產生憤怒的人或物。當形容一個人生氣的狀態時，我們常會用「怒目相視」這個詞。面對讓我們生氣的人和物，只會因為缺乏考慮而起衝突，而且很容易產生更大的矛盾。所以，當處在憤怒的狀態中時，不妨試著暫時迴避讓我們產生憤怒的人或物。雖然這看似是很軟弱的一種方法，但卻可以緩解我們的憤怒情緒，避免與他人發生更大的衝突。

比如，在東晉時，藍田侯王述性格比較急躁，只要遇到一點不順心的事情，他都會暴怒不已。有一次他在吃雞蛋時，用筷子夾雞蛋沒有夾住，便相當氣憤，竟然將雞蛋扔在地上，並將其踩得稀爛。為了緩解和

Part3 澆滅憤怒：別讓憤怒之火燒傷自己

控制自己的憤怒，他在與人交往時往往會面壁。一次，有人對王述痛罵不已，而且言語有些粗鄙，可王述卻面對牆壁，一句話也不說。那人罵了半天見王述沒有反應，便氣憤地離開。當那人走後，王述則坐下來繼續做自己的事情。

別讓「憤怒炸彈」炸傷自己和他人

　　程明是某公司的銷售人員，公司每個月都會對銷售業績進行評比考核，而程明在最近幾次考核中都是倒數，因此，主管對他進行了嚴厲的責罵，這讓他很窩火和惱怒。

　　回到家後，他看到妻子還沒有做飯，而兒子則在一邊玩遊戲，頓時怒火中燒，將火氣都發到了妻子和兒子身上，對妻子大吼道：「你這麼早回來為什麼還不做飯，在家幹什麼呢？」還沒等妻子回應，他又轉而對兒子訓斥道：「天天就知道玩遊戲，瞧你那破成績，滾回房間裡溫習功課去！」說完，還怒氣沖沖地推了兒子一下，兒子立刻「哇哇」大哭起來。

　　妻子見此狀，很不滿地說道：「你是吃炸藥了嗎？還是神經有問題了？為什麼要衝我們發這麼大的火，我也是剛剛接完孩子回家，正準備休息一會兒就做飯呢。兒子的作業已經在學校做完了，你打他幹什麼呢？」程明卻不依不饒地指責道：「你們兩個天天在家什麼也不做，我一個人累死累活地在外面打拚，還不能說兩句了嗎」？

　　兩個人你一言我一語地吵了起來，兒子則在一邊哭個不停。這讓程明更加惱怒起來，像頭發瘋的野獸一般，他開始從言語指責演變到動手，先用力地將妻子一把推倒在地，然後猛踹兒子一腳，兒子哭得更厲害了。

　　後來，到了半夜兒子還哭鬧不已，這讓妻子不免有些擔心，急忙將兒子送到醫院。經醫生檢查得知，兒子的軟組織受到了損傷。程明得知這一情況相當懊悔。事後，兒子非常害怕程明，見到他就躲起來；而妻子也搬回娘家住，並向程明提出了離婚。

　　憤怒就像一枚炸彈，它具有極強的破壞力，不僅會炸傷自己，還會炸傷其他人。上文的程明正是因為沒有控制好自己的情緒，讓憤怒之火

Part3　澆滅憤怒：別讓憤怒之火燒傷自己

蔓延至妻兒身上，不僅讓兒子深受其害，還影響了他與妻子的感情生活，甚至影響了自己的工作。由於妻子向程明提出離婚，導致他無心工作，最終，程明不得不選擇辭職。

如果我們很難控制自己憤怒的情緒，可能還會做出難以預料的行為，並會對他人和自己都造成嚴重的傷害。正如德國犯罪學家弗里德里希‧梅尼克所說：「假如憤怒的刺激充足，幾乎可以使人人都犯下殺人罪。那些從來不犯這種罪行的人，並非自制力過人，實在是還沒有遇到相當的境遇。」所以，人在受到足夠的刺激後會加劇憤怒的情緒，進而會喪失理智，做出衝動且不計後果的事情。

英國著名作家莎士比亞的著作《奧賽羅》，當中的主角奧賽羅是威尼斯的一名勇猛的將領，他與元老的女兒真心相愛，並頂著巨大的壓力與相愛的人結了婚。可是，奧賽羅的一個手下卻非常陰險狡詐，他一心想要除掉奧賽羅。於是，他精心設計了很多圈套，來挑撥奧賽羅與妻子的感情，他聲稱她與另一名副將的關係非同尋常，還偽造了定情信物等。奧賽羅得知這些事情後信以為真，被憤怒矇住了雙眼，完全失去了理智，掐死了自己的妻子。當得知事情的真相後，他悔恨地拔出劍自刎殉情。

回歸現實，同樣也發生過因憤怒而做出令自己後悔的事情：曾有媒體報導，一個十幾歲的男孩子在上公車時非要從後門上，司機告訴他應該從前門上，於是，男孩便與公車司機發生了激烈的爭吵。在爭執的過程中，氣憤難耐的男孩順手抄起路邊的石頭朝公車砸去，還不小心傷了路邊的人。最終，男孩以「尋釁滋事」、「故意傷人」等罪名被起訴。此時，男孩才懊悔萬分，後悔不應該因為自己一時的憤怒而做出這種蠢事。

在日常生活中，我們會因為憤怒而做出很多讓自己後悔的事情。由

於不夠理智，導致憤怒的情緒不斷滋生和蔓延，最終爆發出來，不僅傷害自己，更傷害他人。

所以，我們要學會控制自己的情緒，盡量避免這種情況發生，正如心理學家所說：「我們無法控制自己的生理反應，但是能控制自己的思想和行為。」那麼，如何控制以及調節自己的憤怒情緒呢？對此，有專家提出以下幾點建議：

一是學會及時與自己交流，與他人溝通。當感到自己的怒火即將爆發時，應及時與自己的內心交流，問問自己：到底是因為什麼事情讓自己生這麼大的氣、發如此大的火？憤怒是不是就可以解決問題了呢？當與自己交流之後，我們會發現，憤怒是毫無意義的，它只會讓事情變得更糟糕。此時，我們的情緒也會逐漸穩定下來。

如果自己被憤怒的情緒困擾，始終無法走出來，可以及時地向身邊人求助，與他人進行溝通。也許對方的幾句勸解，會讓我們醍醐灌頂，盡快擺脫負面的情緒。

二是用相機拍下自己憤怒的樣子。如果自己總是因為一點小事而發怒，可以在自己心情好的時候告訴家人，當自己發怒時用相機拍下來。在事後看到這些照片中自己的模樣，我們必然會大吃一驚，因為人生氣的樣子是非常難看的，不信，在生氣的時候看看鏡子中的自己就知道了。

三是懂得退讓和換位的思考方式。俗話說得好：「退一步海闊天空」。當我們的怒火上升的時候，我們可以採取退讓的方式，站在對方的角度來思考一下，如果換作是自己，又會做出怎樣的行為呢？透過這種退讓和換位的思考方式，往往能讓我們客觀地思考整個事件的過程，就可以緩解自己憤怒的情緒。

Part3　澆滅憤怒：別讓憤怒之火燒傷自己

後悔藥難買，憤怒時不要輕易下決定

　　成吉思汗非常喜歡打獵，經常會帶一群人馬外出打獵。一天，天剛矇矇亮，他就帶領眾人出去打獵。可是直到中午，他們都沒有任何收穫，只能敗興而歸。可是，回到帳篷中的成吉思汗並不甘心，他決定自己隻身再去一次，一定要打到獵物。於是，他帶著弓箭以及自己最珍愛的獵鷹出發了。

　　為了能夠打到獵物，成吉思汗特意選了一條比較偏僻的小路。可是，烈日炎炎，所帶的水很快就喝完了。走了很長時間，不僅沒有看到獵物，也沒有找到任何水源，這讓他的腳步變得異常沉重。終於，又走了一段時間後，成吉思汗發現一個山谷中有水從上面一滴滴地滴下來。他非常開心，立刻從打獵的包中拿出一個杯子，耐著性子接著一滴一滴滴下來的水。

　　當接到半杯水時，耐不住飢渴的成吉思汗想要先喝幾口。可是，他剛把杯子送到嘴邊，心愛的獵鷹卻像疾風般飛了過來，並將他手中的杯子打翻。看到好不容易接到的水被打翻了，成吉思汗頓時感到很氣憤。他以為獵鷹只是在跟自己鬧著玩，便無可奈何地拿起杯子重新去接水。

　　可是他再次接到半杯水準備要喝時，獵鷹又將其打翻了。這讓他相當憤怒，也不再想著這隻獵鷹曾經為自己立下「汗馬功勞」了，不再想著牠是自己的心愛之物了，取而代之的是報復之意。於是，他繼續拿起杯子接水，當他準備喝的時候，悄悄地取出身上的尖刀，當獵鷹再次飛來時，他迅速拿出刀，將獵鷹殺死了。

　　不過，當他殺獵鷹時卻不小心將杯子掉進了山谷中，這讓他無法再接水喝了。但他想到，既然水是從山上滴下來的，上面必然有水源。於是，成吉思汗忍著飢渴，用盡力氣向上爬。歷經一番辛苦後，他終於爬上了山頂，果然看到了水源。

成吉思汗非常開心，正打算蹲下身子喝個夠時，抬頭卻發現一條毒蛇的屍體。此時，他才明白：原來獵鷹一次次打翻杯子，是在救自己啊，是擔心他喝下水會中毒。這讓他後悔不已。他帶著自責回到了營帳中，並對自己說：「以後絕不會在憤怒時做決定！」正是這次經歷，讓成吉思汗避免了很多錯事，也給他建立帝國大業帶來了很大的幫助。

俄國著名作家列夫‧托爾斯泰曾說過：「憤怒使別人遭殃，但受害最大的卻是自己。」的確，當人處於憤怒的情緒時，很容易被憤怒矇住雙眼，進而失去理智，形成錯誤的判斷，最終做出讓自己後悔不迭的事情。

有媒體曾經報導過這樣一則新聞：一個年輕的女子開著一輛寶馬汽車路過一個腳踏車修理店時，不慎將正準備修理的腳踏車撞倒了。可是女子下車看到自己的豪車被刮傷了，反而要求修車師傅賠償，還對其辱罵不止。後來，她還將自己的父親叫到現場。而她的父親到了之後，沒有了解事情的前因後果，就直接拿起修車店旁邊的打氣筒朝著修車師傅猛砸。不僅如此，女子的父親還要求修車師傅拿出 5,000 塊錢賠償損失。

修車師傅被打得鼻青臉腫，他聲稱自己馬上回去拿錢。可是，當他回來時，快步走到女子的父親面前，並從懷中掏出一樣東西。只見，年輕女子的父親應聲倒地。原來修車師傅手持水果刀捅向了對方，並連刺幾刀以發洩心中的怒火。不僅如此，他還將已經嚇得目瞪口呆的年輕女子從車子中強拉出來，持刀狠狠地刺向對方。最終，修車師傅因為涉嫌殺人而被警方拘捕。

為什麼會發生這樣的事情？正是因為當事人被憤怒衝昏了頭腦，喪失了理智。有心理學家表示，當一個人處於憤怒的狀態時，他／她的智慧、修養等等都會大大地「退化」，所說的話、所做的事、所有的決定都是極端錯誤的，被憤怒矇蔽雙眼後，悲劇往往在一瞬間就發生了。

所以，憤怒的情緒就像一把雙面刀，雖然有時候發洩情緒能夠緩解

Part3　澆滅憤怒：別讓憤怒之火燒傷自己

一個人的壓力，但是如果處理不當，就會讓人們完全喪失自我、失去理智，進而鑄成大錯，造成難以挽回的局面。到那時即使再後悔，也於事無補。那麼，如何才能讓我們控制憤怒的情緒呢？如何才能避免在憤怒的狀況下做出錯誤的決定呢？對此，有專家提出以下幾點建議：

一是健康而合理地發洩憤怒。健康而合理地發洩憤怒是一種智慧，能夠保證自己不受傷害，也不會傷害其他人。其實，發怒與攻擊行為並不能相提並論，發怒只是一種正常的心理反應，可是攻擊行為卻是一種過度的反應，往往會帶來難以預料的後果。比如，有些人在憤怒時就會選擇飆車、尋釁滋事等，這不僅會傷害自己，也會對其他人造成危害。

所以，不妨透過運動或是其他一些健康的方式來合理地轉化憤怒的情緒。舉例來說，明朝的李訥性格非常火爆，總是因為一點小事而大發脾氣，不過，他很喜歡下棋，一下棋他的心態就會平靜下來。所以，只要在他憤怒難耐時，家人就會悄悄地將棋盤放在他的跟前。見此狀，李訥便會調整心態與他人對弈，怒氣也漸漸消散。

另外，如果自己無法控制，可以諮詢專業的心理學人士，將自己的真實感受表達出來，讓憤怒情緒得到有效的緩解。

二是學會檢討並吸取教訓。當我們發怒之後，試著弄清自己憤怒的原因，並將自己的想法告訴身邊的朋友，以讓對方幫助我們釐清情緒，將憤怒當成一次學習的機會，下次再遇到類似的情況，盡量控制自己的怒火，以免對自己或他人造成傷害。

當我們排隊買東西時，時常因為人多，所以等候結帳的時間比較長，再加上還有人會插隊，自然很容易發怒。但如果我們與身邊的人交談之後，想想其實也沒有什麼大不了的事情。與其在那裡發怒或是與他人惡言相向，不如好好享受當下的時光，以便讓自己的情緒漸漸平和。下次再遇到類似的事情，我們就知道如何緩解自己的憤怒了。

心平氣和：平息怒火的「滅火器」

在英國，有一個著名的劍手叫歐瑪爾，他的劍術了得，很多人都是他的手下敗將。這讓很多劍手都慕名前來與他決鬥，一較高下。不久，歐瑪爾就遇到了一個對手，這位劍手的劍術也非常棒，每次歐瑪爾與他決鬥都不分勝負。所以，兩個人鬥了 30 年還是分不出高低。

有一次，當歐瑪爾與那個對手決鬥時，對手突然從馬背上摔了下去。此時，只要歐瑪爾立刻跳下馬背，就可以一劍將對方刺死。可是，正當歐瑪爾揮劍指向對手時，對方卻朝歐瑪爾吐了一口唾沫。本以為歐瑪爾會惱羞成怒，直接用劍刺向對手，誰知，歐瑪爾卻立刻停了下來，對那位倒在地上的對手說：「今天我們就戰到這裡吧，等我們重新調整之後，改天再一決高下。」

這讓對手很不解，他以為歐瑪爾是怕了自己，便站起來氣勢洶洶地對歐瑪爾說：「不行，我們今天就要決出勝負。」歐瑪爾心平氣和地回答道：「我們鬥了 30 多年，一直分不出高低，這 30 年來，我一直都在修煉和提醒自己，與你決鬥時不要帶有任何的不平之氣。剛剛你向我吐唾沫，這一行為是對我極大的侮辱，在那一瞬間，我是相當憤怒的。可是，如果我在憤怒之下將你殺了，我並不會感到自己獲得了勝利。與你決鬥這些年，我很欣賞你的劍術，但你這樣對我，讓我今天無法再與你決鬥下去。」

有心理學家表示，我們不能因為別人發怒，而讓自己變得怒不可遏。當他人發怒時，我們應該心平氣和地面對。一位金融家曾說：「對方的勃然大怒對於我自己的處境反而有幫助。」

美國石油大王洛克斐勒曾因為一件案子遭牽連而被他人告上法庭。在開庭之前，對方的律師曾給洛克斐勒寫過幾封詢問洛克斐勒公司資訊

Part3　澆滅憤怒：別讓憤怒之火燒傷自己

的相關信件，但這些詢問的事情在法律上那位律師無權過問，所以洛克斐勒並沒有回覆對方。可是在法庭上，當那位律師言辭激烈地讓洛克斐勒拿出那些信時，洛克斐勒卻心平氣和地做出了答覆，並沒有被對方盛氣凌人而又粗暴無禮的態度所影響。

最後，那位律師氣得發狂，但洛克斐勒卻從容地坐在法庭中，好像一切事情都與他無關。結果，那位律師因為氣憤過度而亂了分寸，失去了勝訴的機會，法官宣判洛克斐勒勝訴。

這就是平息怒火的「滅火器」——心平氣和來應對他人的憤怒：當對方越是憤怒，我們越要從容和鎮定，好像事情與我們無關似的。反之，如果他人對我們大發脾氣，我們無法克制自己的情緒，就會做出種種不合理的事情。其實，那位律師之所以用那麼粗暴而惡劣的態度質問洛克斐勒，就是想要以此激怒他，進而讓他落入自己所設的圈套之中。

因此，當我們想發怒的時候，先要想一想怒火的爆發會對我們產生什麼樣的影響，一旦意識到它可能會損害我們自身的利益時，我們要學會用心平氣和的態度來平息怒火。那麼，如何才能做到心平氣和呢？對此，有專家提出以下幾點建議：

一是提前釋放自己的怒氣。當我們遇到不順心的事情時，提前將自己的憤怒之氣釋放出來，而不要強忍著怒火或者在事後冷嘲熱諷。因為在第一時間表達出自己的不滿和怒氣，就會減少對自己的傷害，讓自己更有時間心平氣和地做自己想要做的事情。

二是學會接受自己。在大多數的情況下，我們之所以看不慣他人是因為接受不了自己。我們需要接受一個事實：每個人都會犯錯，每個人都存在不足，只有學會接受自己，才能接受他人所犯的錯誤。只有接受自己的不完美，才能接受他人的不足。漸漸地，我們就不會有那麼多看不順眼的事情了，也就能心平氣和地面對各種問題了。

三是試著回顧自己的憤怒情緒。如果我們總是很容易憤怒、發火，在情緒爆發之後，試著回顧自己的憤怒情緒，找出讓我們發怒的原因。比如，當我們將自己的祕密告訴要好的朋友，對方卻告訴了其他人，得知這件事後我們非常憤怒。可是，當我們憤怒的情緒得以平息後，試著想想自己為什麼會生這麼大的氣，是因為朋友沒有為自己守住祕密而生氣，還是因為其他人知道自己的祕密而感到難堪，抑或是氣自己不該將這個祕密告訴朋友呢？當了解清楚自己生氣的原因後，想想如果下次再發生這樣的事情，應該怎麼做，這樣我們才能心平氣和地面對。

Part3　澆滅憤怒：別讓憤怒之火燒傷自己

怒火燃起前試著換位思考

　　有一對夫妻因為在一起生活的時間太久了，丈夫對妻子越來越不滿，總是對妻子怒目相向。他認為自己一人辛苦在外工作養家，而妻子每天悠閒地待在家中，卻沒有將家裡照顧好，所以他一旦遇到什麼不順心的事情，就會指責妻子。有時候，他還會產生這樣的想法：如果與妻子換一下身分，讓她每天出去工作，而我悠閒地待在家中多好呢！於是，他請求神明幫他與妻子換一下身分，神答應了他的請求。

　　第二天醒來時，丈夫發現自己確實與妻子的身分對調了，他非常開心，開始按照妻子的「機制」來做事：在床上伸了一個懶腰後，他開始走進廚房準備一家人的早飯。在早飯做好之後，接著去叫醒還在床上「呼呼」大睡的「老公」和孩子，一邊安慰哭鬧的孩子，一邊給孩子穿衣服。在整理完畢後，開始給孩子餵早餐，自己卻顧不上吃一口飯，在餵好孩子後，又急忙將他們送到學校。

　　回到家中之後，他沒有來得及休息，想起「老公」的西裝需要送到乾洗店清洗。在出門前，想起自己的早飯還沒有吃，桌上、廚房裡還有一些餐具需要清洗。於是，他隨便吃了幾口殘羹冷炙後，便進行清洗。整理完畢後，他便將「老公」的西裝送到乾洗店中。在回來的路上，他又去了附近的菜市場買了一些蔬菜和水果，大包小包地將其拎回家中。回家後，他依然沒有閒著，開始清理家中的寵物糞便，給寵物洗澡、清洗牠們的餐具。

　　當這一切都做好後，他感到身心俱疲，剛想要休息一會，抬頭看到牆上的時鐘竟然已經十二點半了。此時，飢腸轆轆的他只好自己做些東西吃，吃完飯、洗完餐具想要休息的時候，卻想起地還沒有拖，孩子的床鋪還沒有整理……

　　於是，他只好強打起精神做這些事情。可是這些事情做好之後，孩

子們放學的時間也快到了，他只好馬不停蹄地趕到學校去接孩子。將孩子接回家後，一邊為家人準備晚餐，一邊督促孩子做作業，等著「老公」下班回家。等家人都吃完飯後，他又要開始清洗鍋碗瓢盆等。

晚上睡覺的時候，丈夫才知道妻子在家竟然這麼辛苦和勞累，並沒有比自己的工作清閒多少。於是，他請求神明恢復自己的身分。此後，他再也不對妻子憤怒相向了，也懂得體諒和關心妻子了。

在大多數情況下，我們總是像上文中的丈夫那樣，不懂得站在對方的角度來思考問題，才導致我們很容易產生憤怒等負面的情緒。這是因為思維的方式不同，才導致我們看問題的角度和結論有所不同。

在一個農場中，一頭豬、一頭牛和一頭羊被關在同一個畜欄裡。有一天，主人將豬抓住，準備把牠帶出畜欄。此時，豬不斷地發出哀號，並作出抵抗。這讓牛和羊心生厭煩之感，生氣地對牠說：「你能不能不要歇斯底里地叫了，真是很吵啊。主人經常來抓我們，並帶到畜欄外，我們也不像你這樣大呼小叫的。」豬聽了回答道：「可是，主人抓我與抓你們完全是兩碼事啊，抓住你們，只是獲取你們的乳汁和毛，而抓住我，就是要我的命啊！」

的確如此，在我們與人交流的過程中，總是因為不能換位思考而引發各種不良情緒，其中也包括憤怒。所以，與人交往的時候我們不能太過固執，試著站在他人的角度設想一下，也許就能減少或者平息自己的憤怒。所謂的換位思考，就是設身處地為他人著想，站在對方的立場、角度來考慮問題。這是將心比心的一種心理體驗過程，是理解他人不可缺少的心理機制。在主觀上，它要求我們將自己的思考方式和情感體驗與對方連繫起來，站在對方的立場上思考問題，進而與他人在情感上實現溝通，也為理解奠定了基礎。

在日常生活中，總是存在太多的隔閡和誤解，會讓我們因為一點小

Part3　澆滅憤怒：別讓憤怒之火燒傷自己

事而大動肝火、與他人發生激烈的爭執。比如，在公車或是捷運上，當他人著急上下車時，不小心撞了我們一下，我們便怒氣難耐，與他人發生了激烈的爭吵。

可是，在換位思考後，我們會發現這點小事其實真的沒有必要生這麼大的氣，更不至於與他人發生爭執。所以，換位思考可以減少不必要的摩擦和爭吵，讓我們更容易理解他人，化干戈為玉帛。

另外，換位思考不僅能夠緩解自己的不良情緒，還能對我們的生活、工作產生很大的好處。當我們換位思考後會發現，對方那樣做也是迫不得已，如果我們是對方也許還沒有對方做得好，我們自己原來也存在問題……

可是，當一個人處於憤怒的狀態中，往往很難抽離自己的情緒來從對方的角度看問題，這是因為憤怒是一種非常主觀的情感。不過，有心理學家表示，試著從對方的角度來看問題往往是建設性利用憤怒的關鍵一步。那麼，如何才能做到用換位思考來減少憤怒呢？

首先，我們把自己想像成對方，然後問自己：現在想些什麼呢？現在有何種感覺？怎樣才能讓對方不生我的氣？對方是不是對我理解不夠？對方是不是產生了什麼誤解？自己的行為是不是合理呢？當我們站在對方的角度來看問題時，就容易理解所面臨的問題，而且憤怒也會有所緩和。

其次，在換位思考基礎上，實施行動並堅持去做。當怒火燃起時，很多人會發現有些控制憤怒的方法並不是那麼有效，那是因為我們沒有透過憤怒來認知自己、接納自己，也沒有了解自己的憤怒對他人造成的傷害。可是，在換位思考後，我們才明白這一切。在此基礎上，我們就要實施行動，比如，向對方道歉，承認自己的問題所在等。當我們堅持去做就會發現，其實這些事根本算不上什麼，完全沒有必要為此動怒。

懂得替情緒「降降溫」

在一處深山中，有一位禪師在一間破舊的茅草房中修行。平日裡，只有少數的遊客偶爾會光顧他的茅舍，討碗水喝。一天晚上，當禪師外出散步歸來的時候，發現屋裡似乎有人，他以為是在山上迷路的遊客，可是他正打算進屋時卻發現，那人在房間裡翻箱倒櫃。此時，禪師才知道，來者並不是遊客，而是小偷。但他並沒有立刻衝進去抓住對方，也沒有感到驚慌，而是將自己的外衣脫下來，靜靜地站在門口。

當小偷在房間裡翻騰半天也沒有找到任何財物時，他相當惱怒，氣得將屋裡的桌椅板凳怒砸了一遍，然後悻悻地走出茅屋。可是剛一出門，卻發現禪師正站在門口，這讓他感到非常驚訝，不知道該如何應對。此時，禪師卻開口說道：「你好，朋友，進門就是客，走了大老遠的山路來到茅舍，就是我的朋友了，既然你來探望我，我總不能讓你空手而歸啊。如今夜已經深了，外面比較涼，這件外衣你帶走吧，可以幫你避寒。」說完，就將自己的外衣披在小偷的身上。

小偷頓時滿臉羞愧，不知道該說什麼，低著頭立刻走開了。禪師看著小偷的背影消失在山林中，不禁感慨道：「真是一個可憐之人，希望我能送一輪明月給他，以幫他照亮下山的路。」

第二天，禪師起床後準備出門時，卻發現自己的外衣被放在門口，而且疊放得非常整齊。禪師看到後高興地笑了，並自言自語道：「我終於送給他一輪明月了！」

其實，在日常生活中，面對很多情況我們都不需要生氣、發怒，我們完全可以用寬容之心來淨化自己的心田，用寬恕之心來回應對方。當我們用寬容的態度對待某些事情或某些人時，我們會感到自己也很快樂。

Part3　澆滅憤怒：別讓憤怒之火燒傷自己

有研究發現，以寬容的態度來待人待事是保持健康的一劑良藥。尤其是在中年之後，常懷寬容之心會讓身體更加健康。透過對45歲以上的人調查發現，心懷仁慈、寬容的人與氣量小的人相比，身心往往要更加健康。另外，研究人員表示，如果人總是氣量過小，不懂得寬恕他人，患有心臟病、精神障礙等疾病的機率更大。

因此，在日常生活和工作中，我們要懷有寬容之心，學會原諒和寬恕他人，才能化解憤怒的因子，可以讓我們更好地接受它、放下它。比如，當孩子不小心將果汁灑在剛剛拖完的地板上，不要立刻憤怒不已，將孩子數落一頓，而是原諒孩子的行為，提醒孩子以後要注意，然後與他／她一起將地板擦乾淨；當丈夫不聽自己的勸告而經常喝酒時，不要為此火冒三丈，而是要試著原諒對方，並想辦法幫助他。

當我們試著這樣做的時候就會發現，心中的怒火似乎已經熄滅了不少。所以，想要替情緒「降降溫」，就要學會寬恕他人。那麼，除此之外，還有哪些方法能夠替情緒「降溫」呢？對此，有專家提出以下幾點建議：

一是試著轉移自己的注意力。當我們心生憤怒之意時，如果總是不斷地想著它，只會越來越增加我們的怒氣，也不會給我們帶來任何好處。所以，專家建議，不妨試著轉移注意力，讓自己沉浸在與憤怒無關的事情中，並且設法讓自己享受其中的樂趣。比如，看一場自己喜歡的電影、約上幾個人一起打球等。

這些活動的重點是讓自己不要去想或是糾纏那些與憤怒相關的事情，如果此刻有關憤怒的想法跑出來，則要讓自己的情緒再次回到正在進行的活動中。這樣不僅可以阻斷讓我們產生憤怒情緒的來源，還能平息自己的怒火。

比如，在春秋時期，魏國鄴令西門豹的性格非常火爆，經常會因為

一點小事而憤怒不已。為了控制和緩解自己的情緒，他經常「佩韋以緩氣」。所謂的「韋」就是熟牛皮，質地比較柔軟。西門豹佩戴熟牛皮後，只要感覺自己的怒火快要燃起時，他就會用手撫摸牛皮一段時間，漸漸地，怒氣就緩和很多。

二是透過果決的態度來表達自己的憤怒。當我們生氣、發怒的時候，內心的想法往往會變得比較狹隘，而且很容易扭曲，此時，不妨透過「果敢訓練」來讓自己擁有果決的態度，繼而表達我們的憤怒。這是由國外的心理學家研究出來的方法，是一種比較有力量、有技巧的緩解憤怒的方法。所謂果敢訓練，即是一種鍛鍊心理的訓練，它讓我們適當地表達自己的憤怒，並維護自己的立場，進而讓我們的憤怒得到減緩。

三是學會分析憤怒。當我們與他人起爭執，心生憤怒、不滿之意時，要學會分析。與對方不管如何爭論都無法平息自己的憤怒，結果往往無濟於事。當我們如此分析之後，試著接受這個事實，進而拒絕那些負面的情緒侵蝕自己的內心。心理學家表示，在某些時候，這是處理憤怒相當不錯的一個方法。其實，緩解情緒最好的辦法就是將事情都擺出來，找到解決問題的方法。比如，坦白地說出自己的內心感受等。

四是模擬憤怒的情緒，並作放鬆練習。所謂模擬憤怒的情緒，就是指我們直接面對那些讓我們發怒的對象、事物。如果操作得當，這個方法會讓我們更有信心，而且不會出現憤怒的反應。不過，在練習這個方法前，先要有引發我們憤怒的狀況，以此來創造出想像的情境，然後在心中排練這一過程。同時，進行放鬆練習，比如深呼吸，讓自己的身體冷靜下來，以此幫助我們緩解憤怒的反應。如果長期這樣練習，會讓我們更好地緩解自己的憤怒，對身體健康也能夠產生很大的益處。

Part3 澆滅憤怒：別讓憤怒之火燒傷自己

Part4
克服自卑：拆除捆綁手腳的

> 成功者之所以能夠取得成功，是因為他們充滿了堅韌和自信，並且積極向上；而失敗者之所以總是與失敗相伴，是因為他們的內心往往被自卑所矇蔽，變得陰暗、不堪一擊，如同脆弱的溫室花朵，沒有任何信心去迎接暴風雨。

Part4　克服自卑：拆除捆綁手腳的

「低人一等」的情結源自哪裡

　　韓威是一名大學生，由於他來自山區，家裡的條件很不好，所以他總是相當自卑，感覺自己低人一等。在大學四年期間，他總是一個人獨來獨往，既不願與人交往，也不願參加一些社團活動，他總覺得別人都看不起自己。

　　後來，在一位同學的鼓勵下，他去滑輪社報了名，可是在社團中學了一段時間後，他就主動放棄了。因為他之前從來沒有接觸過滑輪，而報名參加的人員幾乎都有基礎，學起來也很快，滑得也比較好。韓威卻總顯得笨手笨腳的，而且似乎怎麼學都學不會，老是摔倒在地上，顯得很狼狽。看著別人熟練地滑著，他感到非常自卑，最終退出了社團。

　　大學畢業後，韓威開始找工作，可是由於太過自卑，每次面試時總是表現得過於拘謹。他的主修是中文，求職意願也是老師之類的工作，可是，在面試過程中，不善言詞的韓威卻無法將所學的知識表達出來。在試講授課時，他的思路非常混亂，毫無邏輯可言。所以，每次面試他都被應徵單位拒之門外。這讓韓威心灰意冷，最終只好回到偏遠的山區去當小學老師。

　　當同學聚會時，他也不願參加，只是透過社群關注同學們的動態，當他看到有的同學在大城市找到相當不錯的工作或是經商做得很出色時，他就愈發感到自卑。漸漸地，韓威變得越來越消沉和頹廢，經常以酒為伴，後來變得喜歡酗酒。最終，他的工作也因為酗酒而丟了。

　　在日常生活中，每個人或多或少都有一些自卑：當自己身材矮小，與他人站在一起顯得自己很矮時就會產生自卑感；當自己的容貌不夠漂亮時，在顏值高的人面前就會感到自慚形穢；當自己的成績比不上他人時，就會心存自卑……

「低人一等」的情結源自哪裡

什麼是自卑？在心理學上，自卑是指因為與合理的標準或其他對照基準存在一定的差距，進而產生了評估差異，最終引起個人產生情緒低落等負面的心理狀態。簡而言之，即總是覺得自己不如其他人，對自己的能力評估比較低，進而產生憂鬱、不安等不良情緒。

所謂的標準，就是指個人總是習慣與某個準則做比較，比如，身高、容貌等。當自身條件達不到這個標準時就會產生自卑情結；所謂的對照基準，則是指個人比較自身的其他非標準對象，比如某個人的成績、事業等，當對方表現不俗時，而自身的條件與其相比有落差，就會產生自卑的心態。一般來說，自卑就是一種「比較 —— 評估 —— 對照」連鎖機制所產生的結果。

不過，從某些方面來說，自卑能夠讓人更好地認知自己，進而改進自己的不足，讓自己進步得更快。但從另一方面來看，自卑也具有一定的危害性，由於有比較的心理，進而會產生自卑的情緒，讓自己變得愈發消沉。比如，上文中提及的韓威，被自卑的枷鎖捆住了手腳，終日鬱鬱寡歡，不願與人交往，做事沒有自信、優柔寡斷，最終變得越來越頹廢。

那麼，人們為什麼會產生自卑？為何會有「低人一等」的情結呢？有專家表示，自卑其實是一種心理缺陷，大多是因為幼年時期得不到父母的關注而形成的。而人們之所以會產生自卑感，主要有以下幾點原因：

一是無法正確地認知自己。大多數人都是透過他人來認知自己，如果他人對自己做了比較低的評價，尤其是一些權威人士給出的評價，就會影響對自己的正確認知，進而低估自己。

比如，在現實生活中我們常常會發現這樣的現象：性格比較內向的人往往容易接受他人比較低的評價，而不容易接受他人的高評價；與人相比時，也總是拿自己的缺點與他人的優點比，最終越比越感到自卑。

Part4　克服自卑：拆除捆綁手腳的

　　二是困難或挫折的影響。透過研究發現，有些人往往會因為神經敏感的感受性比較高，而耐受性很低，所以當遭遇輕微的困難和挫折時就會變得消極、悲觀，進而產生自卑感。

　　三是負面的自我暗示。在日常生活中，當我們面對某種情況時，首先會衡量自己是否有能力來應對。有的人會因為對自己的認知不足，總是在心裡對自己說「我不行」、「我做不到」等，由於這種負面的自我暗示，會導致自己的心情變得緊張，也抑制了自信，進而產生心理負擔，自然所取得的成果也不理想。同時，這種結果又會造成負面的回饋作用，影響個人以後的行為，進而形成一種惡性循環，最終加重自卑感。

　　除了以上這些原因之外，出身、生理缺陷、經濟條件等也會產生自卑感。如果這種自卑感不能適當地消除，就會隨著時間的推移，成為人格的一部分，遇到任何事情都會畏縮不前，不敢面對。那麼，如何才能克服自卑呢？對此，有心理學家為我們提出以下幾點建議：

　　一是學會正確地認知和評價自己。一位偉人曾說：「偉人之所以高不可攀，是因為我們跪著。」的確，如果我們總是拿自己的短處與他人的長處相比，必然會感到自己事事不如別人。可是，如果我們既能看到自己的缺點，也能清楚地認知到自己的優點，就能逐漸克服自卑的心理，建立自信。

　　二是懂得表現自己。心理學家建議，對於一些自卑感比較重的人來說，不妨試著去做一些自己力所能及，並且有把握做成功的事情。即使這些事情微乎其微，也值得我們嘗試去做。取得任何小的成功，都能增加自信。也就是透過小成功來表現自己，逐漸克服自卑感。比如，站在講臺上擦黑板、主動與同學或同事交流等。

　　三是進行心理補償。心理學家表示，人的心理也具有補償能力。克服自卑可以採用兩種積極的補償方法：一是當知道自己存在某些不足時，

不要背負著這個思想包袱，而是下定決心去克服這些不足，比如，自己的英語口語不好，可以積極地參加英語角活動，主動與外教交流，不僅鍛鍊自己的口語，還能讓自己變得敢說、更願意說。二是揚長避短，即發揚自己的優點或者是有利的條件，迴避自己的缺點或不利的條件。比如，擅長寫作的老馬總想著下海經商，但兩次經商失敗後欠了很多債，此時，他才知道自己並不適合經商，於是他重新回到寫作上來，並出版了多本書，最終靠著寫作還清了債務。

Part4 克服自卑：拆除捆綁手腳的

別讓自卑禁錮了個人發展

　　鄭強是某公司的主任，公司剛成立不久，他就是公司的員工，如今已經工作了八、九年，算得上是公司的元老級人物了。可是奇怪的是，他主任的職位一做就是好幾年，從來沒有再提升過。其實，並不是公司沒有給他升級的機會，；上級雖然多次跟他說過提升的事情，因為不管是從經驗上還是能力上他都可以擔任經理一職，但鄭強卻百般推辭，聲稱自己的能力不夠，還無法勝任經理的工作。

　　其實，在此之前，鄭強是非常有拚勁的，在他的帶領下，部門員工做事也相當積極，所以每次業績考核時，他的部門都是最優秀的，正因為如此，長官特意將其提拔為經理。可是，當鄭強做了經理後卻因為沒有做出正確的決策而導致公司蒙受了損失。這讓他內心很受挫，認為自己沒有能力擔任經理的職位，所以便向公司申請調回原職，繼續當他的主任。

　　後來，他在主任的職位上做得依然很出色，再次引起了長官的注意，並被提拔為經理。可惜造物弄人，鄭強在做了經理後卻接到一個通知：讓他拓展公司的某個新專案。這讓沒有經驗的鄭強有些慌了，雖然前期工作他做出了很大的努力，但結果卻不如人意，由於業務不熟練，最後還是以慘淡的結局收場。

　　這讓鄭強不由地開始否定自己，認為自己能力有限，無法擔任經理一職。所以過沒多久，他又重新回到了主任的職位上。而從此之後，鄭強變得沒有拚勁，在工作上也很自卑，他總是對自己說：我的能力只能做到主任這個職位，更高職位還是不要妄想了，就安分守己做好目前的工作吧。

　　後來，當上級長官想再提拔鄭強時，他都會百般推辭，聲稱自己能力有限，無法擔任經理一職。所以鄭強在公司做了十來年，依然是主

任。由於太過自卑，在公司會議中他也不敢發表自己的看法，總是擔心自己的建議會給公司帶來損失。慢慢地，由於鄭強對自己的能力越來越質疑，他感覺自己擔任主任也有些吃力了。

在日常生活中，很多人都或多或少都有一些自卑的心理。從心理學角度來看，自卑心理的產生是因為我們只看到自己的缺點和不足，卻沒有發現自己的優點和長處。而大多數人總是拘泥於自己的短處，發現不了自己的優勢，進而讓自己備受自卑的折磨。上文中鄭強如果能夠戰勝自卑，積極地挑戰自己，勇於發現自己的優勢和長處，可能就不會止步於主任一職了。

有專家表示，由於每個人在社會上所擔任的角色是不同的，所以某些特定的事情往往是由不同的人、不同的才能來完成的。如果我們總是滿足於目前的狀態，而不去挖掘自己的潛力，那麼，我們永遠不會發現自己可能會做得更好。優勢與長處往往被隱藏起來了，而不足和缺點卻總是暴露在外，所以有些人因為自己的短處而感到自卑，進而禁錮了個人的思維和發展。

英國有一個名叫富蘭克林的科學家，當他發現了 DNA 螺旋結構時卻因為自卑沒有向世人公布，而放棄了自己的想法。可是，過沒兩年，其他科學家也有了同樣的發現，並獲得了諾貝爾醫學獎。同樣的發現卻因為不同的態度而出現了不同的結果。可見，自卑對人的影響有多大，不僅會禁錮個人的思維，還會限制其事業的發展。

所以，我們要學會克服自卑。那麼，如何才能克服自卑呢？如何才能擺脫捆綁手腳的心理桎梏呢？有心理學家為我們提出以下幾點建議：

一是做自己擅長的事情，將自己的個性突顯出來。如果我們想要在某些方面取得成功，就要找到自己擅長的事情，找出自己的優點和長

Part4　克服自卑：拆除捆綁手腳的

處，並且堅持去實踐，才能讓我們離成功更近，才能克服自卑。

比如，小楊的父母為了將其培養成為全能人才，總是給她報名各種補習班。雖然小楊在彈琴、跳舞等方面都會一些，但卻算不上精通。後來，上了大學，她感到自己事事不如別人，因為其他同學都有自己的特長，在某方面都做得很優秀，這讓她漸漸感到自卑。後來，她發現自己對寫作很感興趣，於是，她開始堅持每天寫小說，並將其寄給一些報社或是網站。很快的，小楊的小說就被登載出來了。不僅如此，還有出版社連繫小楊，要為其出書。這讓小楊漸漸走出了自卑的陰影，也找到了自己的特長。

二是用信念戰勝自卑。如果我們缺乏信念，就很容易陷入緊張不安、憂慮、自卑等不良的情緒中。如果我們想要消除這些不良的情緒，就需要執著的信念來化解它們。因為執著的信念是戰勝自卑的法寶，也是戰勝一切困難的利器。

幾個探險人員在沙漠中走了很久都沒有走出來，太陽炙熱，烤得他們相當難受，又陷入了缺水的困境。此時，探險隊長拿出一個水壺說：「我這裡還有一壺水，但走出沙漠前，誰也不能喝的，喝完了我們只能在這裡等死了。」於是，大家都將這壺水當成是走出沙漠的信念之源。終於，他們靠著這份信念走出了沙漠，大家相擁而泣，當他們擰開那只水壺後卻發現，流出來的是滿滿的沙子。

三是運用深層冥想法。有人經過研究發現，用深層冥想法能夠很好地抑制自卑。其具體的操作方法是：用腹部呼吸的時候，讓自己集中注意力去想自己的優點和長處。比如，可以想想自己曾因為哪些事情而得到他人的讚美或是在哪方面獲得過成功，想得越多，我們的自信就會越多，自卑感也就會漸漸消除。

自卑會讓人陷入絕望的深淵

　　喬治是一個成功的企業家，其實他也是白手起家，從最開始的基層員工做起，經過多年的奮鬥，才擁有了現在的公司。一天，當助理陪同喬治走出公司，準備去見客戶的時候，他聽到身後傳來一陣「嗒、嗒、嗒」的聲音，那是盲人用棍子敲打地面的聲音。他愣了一下，慢慢地轉過身。

　　那位盲人似乎感覺到前面有人，於是他快步走上前說道：「您好，您現在肯定發現我是一個可憐的盲人，能否打擾您一下呢？」喬治對他說：「你有什麼話盡快說吧，因為我要趕時間去見一個客戶。」盲人在背著的包中摸索了一會兒，掏出了一支原子筆，放到喬治的手中說：「先生，這支筆只賣1美元。」

　　喬治聽了，從衣服口袋中拿出一張鈔票遞給他說：「這支筆我用不到的，但是我願意幫助你。」盲人接過鈔票，摸了一下發現是100美元，他頓時很開心，非常感激地說：「謝謝先生，您真是一個慷慨、善良的人！」

　　喬治笑了笑，正準備離開時，盲人卻拉住他說：「先生，其實我不是天生就是盲人，我是因為10年前的一場事故而變瞎的。」喬治一聽，心不由得顫了一下，急忙問道：「你說的是某某化工廠的事故嗎？你是在那場事故中失明的嗎？」盲人一聽，立刻點頭如搗蒜：「是啊，您知道嗎？那場事故非常大，死傷人數好幾百呢，都上了各個媒體的頭條了。」

　　其實，盲人是想要藉此多得到一些錢，他繼續可憐巴巴地說：「因為那場事故，我的眼睛就此瞎了，這讓我變得相當自卑，什麼也做不了，只能四處流浪，每天過著食不果腹的生活。您知道嗎？當時火突然冒了起來，很多人都拚命地往外跑，我剛衝到門口，卻有一個大塊頭在我身後喊『我還年輕，我不想死，我要先出去！』他將我推倒後，踩著我的身

Part4　克服自卑：拆除捆綁手腳的

體跑出去了，而我卻失去了知覺，醒了後就成了瞎子。」

聽到這裡，喬治冷冷地說：「你好像把事情說反了吧？」盲人很驚訝，喬治接著說道：「我也經歷了那場事故，事實是你從我身上踏過去的，你剛剛說的那句話，我永遠都無法忘記。」

盲人有些不知所措，但過了好久，他突然抓住喬治的手臂說：「為何我跑出來卻成了沒有用的瞎子，但你卻成為一個富翁。」喬治用力甩開了他的手，舉起手杖平靜地說：「因為那場事故我也成了瞎子，但我並沒有感到自卑，也沒有陷入絕望的深淵中，而是重新振作起來，才走到了今天。」

的確，自卑有時候就像是擋住我們前行道路的一堵牆，它不僅會消磨我們的意志和信念，還會削弱我們的銳氣，讓我們裹足不前，不斷自我懷疑、自我否定，陷入消沉而又絕望的深淵。上文中兩個人都是因為一場事故而變成盲人，但最終喬治卻有了自己的公司，而另一個人卻以乞討為生，主要原因是喬治能夠控制自己的自卑情緒，不讓其吞噬自己的意志和信念。而反觀那個盲人卻因為身上有殘疾而哀鳴不已，並產生強烈的自卑感，以為自己再也不會有翻身的機會，所以一直過著乞討的生活。

心理學家表示，當一個人被自卑的情緒控制時，自卑就會將人們的雄心壯志消磨殆盡，並將其拖入自暴自棄的深淵中。其實，成功者之所以能夠取得成功，是因為他們充滿了堅韌和自信，並且積極向上；而失敗者之所以總是與失敗相伴，是因為他們的內心往往被自卑所矇蔽，變得陰暗、不堪一擊，如同脆弱的溫室花朵，沒有任何信心去迎接暴風雨。

一天，一名士兵為了能將緊急的情報及時送到拿破崙的手中，他不停地揮著馬鞭，讓馬跑得更快一些。可是，由於馬跑得太快，耗盡了全

部的體力，在到達目的地之前因猛地跌了一跤而一命嗚呼。當拿破崙看到情報後，立刻寫了封信讓那名士兵帶回去，並讓他騎自己的馬，火速將信送回。

可是，當那名士兵看到拿破崙的駿馬時，不禁感到自卑，因為那匹馬不僅相當強壯，而且配飾也非常華麗，這是他從來沒有見過的。於是，士兵對拿破崙說：「強壯而華麗的駿馬不是我這樣的下等士兵能享用的。」但拿破崙卻回答道：「世界上沒有哪樣東西是法蘭西士兵不配享有的。」

的確，在日常生活中，總有一些像那名士兵的人，他們總是認為自己的地位太卑微，無法擁有他人所擁有的幸福，也不配享有。正是由於這種自卑心理，導致他們自甘平庸，不求上進。

俗話說得好：「尺有所短，寸有所長。」在這個世界上，每個人都是獨一無二的，任何人都不可能是完美的，都存在不足和短處。有這樣一則寓言故事，說的就是這個道理：

一天，一隻小綿羊與一頭體型巨大的駱駝相遇了。此時，駱駝感到非常飢餓，沒走多遠，牠就看到前面一棵樹上長有茂盛的樹葉。於是，牠立刻走了過去，抬起頭就搆到了樹上的葉子，開心地吃了起來。小羊也是飢腸轆轆，可是牠個頭比較矮，而那棵樹又長得很高，牠怎麼跳也搆不到樹葉。駱駝見此狀，奚落牠說：「瞧你那低矮的個子，怎麼能吃到茂盛的樹葉呢？」

後來，牠們又相伴走了很久。此時，小羊發現一個木柵欄裡面長有非常鮮嫩的青草，於是，牠立刻鑽了進去，在裡面盡情地吃著。但是駱駝卻感到很為難，因為牠的個頭太高，而且體型巨大，無法鑽到柵欄中。可是，牠又捨不得這片鮮嫩的青草，只能站在木柵欄外面乾著急。

在日常生活中也是如此，每個人都有自己的優點和長處，所以我們

Part4　克服自卑：拆除捆綁手腳的

沒有必要妄自菲薄，更不要因為自卑而自暴自棄，進而讓自己陷入絕望的深淵中。我們要超越自卑情緒，那麼，如何才能控制自己的自卑情緒呢？對此，有專家提出以下幾點建議：

一是學會給自己希望。在日常生活中，很多事情都是難以預料的，也是我們無法掌控的，能控制的只有我們自己。因此，有專家建議，我們應該學會給自己一個希望，以此調整自己的心情，來積極地面對每一天，這樣才能在不知不覺中讓自卑無處藏身。

二是試著轉移注意力。不要總是過於關注自己的不足、失敗，而應該將注意力轉移到自己感興趣或是比較擅長的事情上，進而獲得樂趣和成就感，繼而驅散自卑的陰影，緩解內心的緊張和壓力。比如曉樂的成績雖然不怎麼好，但是他的字卻寫得很漂亮，還曾獲得書法比賽的二等獎。曉樂之前總是因為成績不如他人而感到自卑，並變得有些消極，如今卻日益自信和積極起來，學業成績也漸漸有所好轉。

三是用行動來證明自己。有心理學家表示，要看一個人是否有能力和價值，不要進行特別深奧的思考，也不用去詢問他人，只要有人需要我們，就表明我們有能力、有價值。所以，我們不妨選擇一件自己有把握且有意義的事情去做，在成功之後，再去尋找下一個目標，這樣每次成功都會讓我們變得越來越自信，進而削弱自卑感。

自信：降服自卑的「魔法棒」

在美國，有這麼一個人，他的相貌非常醜陋，而且身材很消瘦，看上去似乎營養不良的樣子。當他在街上行走時，很多路人看了他的長相後都不禁指指點點。可是，他並沒有感到難為情，也沒有感到自卑。每次外出時，他從來不會多加修飾自己的面容，也不會特意注意自己的裝扮，而是該穿什麼就穿什麼。他的衣服總是那幾件：窄窄的黑褲子，上衣就像是傘套一樣，窄邊的大禮帽，這樣更顯得他的身材清瘦。另外，他走路的姿勢也著實難看，雙手總是晃來晃去，但是腳步卻走得很有力。

不僅如此，由於家境條件非常差，他很小就被迫離開了學校，做了一名伐木工人，但他並沒有因此而自卑。由於讀書的時間比較短，為了學習更多的知識，他開始拚命地透過自學來充實自己的頭腦。不管是在哪裡，總是能夠看到他認真讀書、學習的影子。後來，由於讀書過於用功，他成了近視眼。

就是這麼一個醜陋、不起眼，而且家庭條件相當差的人，卻靠著自己的努力慢慢走上了美國政壇。可是，即使身居要職，他的舉止還是老樣子，從來不會因為自己的外貌、穿著而自卑，不管是在法院、國會等地方，還是在自己的家裡，他都穿著舒服的衣服。

這些外在的條件之所以沒有阻礙他成功，正是因為他有自信，他就是前美國總統——林肯。可以說，林肯的一生從來都沒有沉浸在自卑中，而是集中精神追求心中的目標。

心理學家表示，每個人或多或少都有些自卑，但自卑並不可怕，可怕的是沉浸在自卑當中而喪失追求成功的勇氣。其實，強者、成功者並不是天生的，他們也有軟弱的時候，但他們之所以成為強者，是因為他

Part4　克服自卑：拆除捆綁手腳的

們善於戰勝自己的軟弱，並且有超強的自信心。反之，如果沒有自信，就會與成功失之交臂。正如莎士比亞所說：「缺乏自信是失敗的主要原因。」

美國總統尼克森就是因為缺乏自信而失去擔任總統的機會。1972年，共和黨的尼克森競選連任獲得勝利。在他第一任執政期間，政績是相當優秀的，獲得了很多人的支持和擁護。所以，在競選第二任時，他有明顯的優勢。可是，尼克森卻極不自信，為了獲取民主黨內部的競選策略情報，他讓手下潛入了競爭對手的辦公室中，並偷偷在那裡安裝了竊聽器。

可是，「若想人不知，除非己莫為」。這件事很快就被發現了，而且美國各大媒體對其爭相報導。此時的尼克森卻擔心自己的政治前程，百般推卸責任。其實，這次競選尼克森是穩操勝券的，最終也在選舉中獲得了勝利。但是，由於他做過這樣的蠢事，雖然再次當選，卻迫於壓力不得不以辭職來平息這件事。最終，尼克森因為不自信而自毀前程。

可見，缺乏自信對人的影響多麼大！所以，如果我們想要獲得成功，就要帶著自信上路，相信自己是最棒的，這樣才能讓我們具有迎接挑戰的勇氣。那麼，如何用自信來降服自卑呢？有專家提出以下幾點建議：

一是學會正視他人。如果我們不敢正視他人，往往會傳遞出這樣一種訊息：在他人面前，自己總是很自卑，感覺自己不如他人；如果我們總是躲避他人的眼神，則會傳遞出這樣的訊息：自己似乎做了對不起其他人的事，只要與對方的眼神接觸，就怕被人看穿自己似的。這樣只會讓自己愈發自卑，對此，專家建議，應該學著正視他人，才能在不知不覺中提升自信，並向他人傳遞出一種訊息，自己相當誠實，做事一向光明磊落。

二是試著當眾發言，增加自信。有專家表示，雖然有些人天資聰明、才思敏捷，但卻無法發揮他們的長處，與他人高談闊論。其實，並不是因為他們不願與人交談，而是缺乏自信。在會議中，很多沉默寡言的人總是對自己說「我的意見也沒有多大的價值，還是不要說了」，「其他人可能懂得比我多，我還是不要表現自己的無知了」之類的話。久而久之，這類人就會越來越喪失自信。

對此，專家建議，應該試著在其他人面前盡量發言，這樣才能增加自信。不管是參加何種會議，都試著積極而主動地發言，即使只是一些簡短的評論或是小建議。但不要最後才發言，要勇於做破冰的第一人；更不要有所顧慮，擔心自己的發言會受到他人的質疑。不管怎樣，只要勇於表達自己的想法，就會讓我們離自信越來越近。

三是抬頭挺胸，執行「走快25%」的技術。有心理學家經過研究發現，很多人之所以出現懶散的姿勢、緩慢的步伐，往往與他們的工作感受以及與他人相處不愉快的情緒連繫在一起。在日常生活中，我們仔細觀察會發現，那些遭到打擊的或是被他人排斥的人往往走路打不起精神，完全沒有自信可言。可是如果我們試著改變這種姿勢以及走路的速度，就會改變自己的心態。

對此，專家建議，要想提升自信，不妨試著抬頭挺胸，執行「走快25%」的技術，亦即加快自己的步伐，讓自己在走路時走得更快一些。如果長期使用這種方式走路，我們會感到自信心漸漸得到提升。

Part4　克服自卑：拆除捆綁手腳的

用積極暗示走出自卑的陰影

　　有一個名叫瑪麗的小女孩因為自己長得不夠漂亮而有些自卑，平時也不願與其他小朋友一起玩耍，更不敢與他人有目光接觸。不管在學校裡還是在其他地方，她走路時總是低著頭。

　　有一天，她去商店幫媽媽買東西，發現一個漂亮的髮飾擺在櫥窗中，她想將它買下來，便請老闆將那個髮飾拿出來，讓自己試戴一下。當她戴在頭上後，老闆稱讚道：「小女孩，這個髮飾很適合你，你戴上後顯得非常漂亮，而且看起來很活潑。」瑪麗聽了雖然有些不信，但心裡還是挺開心的。於是，她昂起頭，大踏步地走出門外，想要其他小朋友也看看自己新買的髮飾。

　　由於走得太過著急，瑪麗在出店門時不小心與他人撞了一下，但她卻沒有放在心上，而是直接朝家裡走去。在路上遇到老師時，瑪麗開心地跟老師打了招呼，老師輕輕地拍著她的肩頭說：「瑪麗，你今天看起來特別漂亮啊，尤其是將頭抬起來，看起來非常有精神！」瑪麗聽了更加開心，她想這一定都是漂亮髮飾的原因。

　　於是，她將頭抬得更高了，高興地與路上的人打招呼，路人都向她投以讚許的目光。當其他小朋友見到瑪麗時，也對她稱讚有加，這讓瑪麗的心情特別好。

　　當她回到家後，想要照鏡子看看自己戴上髮飾後是如何漂亮時，卻發現自己的頭上根本就沒有髮飾，可能是在店門口與他人碰撞時弄掉了。不過，此時的瑪麗已經明白，自己其實根本不需要那個髮飾了。這個名叫瑪麗的小女孩後來成了美國電影頻道HBO的著名主持人。

　　在日常生活中，我們總是遇到像瑪麗這樣自卑的人，可是他們卻沒有瑪麗那樣幸運，能夠透過心理暗示克服自卑。心理學家表示，自卑是

一種負面的心理暗示，當我們給自己消極的暗示時，我們就會給自己貼上失敗的標籤，也注定自己與成功無緣，而要與失敗為伍；反之，如果我們給自己積極而正面的暗示，就會幫助我們逐漸走向成功。

心理學家巴夫洛夫認為，暗示是最為簡單、最典型的條件反射。從心理學角度來看，心理暗示是指透過語言或非語言、直接或間接地對個人的心理和行為產生影響，並讓個人接受外界和他人的觀念、態度的心理機制。

一般來說，負面的心理暗示會干擾或是破壞個人的正常心理和生理狀態，進而產生不良的影響。比如，一些成績比較差的學生會很容易產生負面的想法，總認為自己天生資質差，不是念書的料，久而久之，就會放棄學習。這種負面的心理暗示會加重他們的自卑感，並給學習帶來不好的影響。

而正向的心理暗示則會對個人的心理、情緒產生積極的影響，比如，上文中的瑪麗本來因為自卑而不願與他人交往，總是低著頭走路，在戴上髮飾、得到他人的稱讚後，她的心情大好，抬頭挺胸，邁著輕快的步伐與路人打招呼。殊不知，她一路上根本就沒有戴著那個她以為很漂亮的髮飾。

美國著名心理學家麥斯威爾曾說：「人的所有行為、感情和舉止，甚至才能，與其自我意識是一致的。」如果我們總是不斷地對自己說「我很棒」、「我一定可以」等心理暗示語，就必然會在某些方面發生積極的改變。

那麼，如何用自我暗示法走出自卑的陰影呢？對此，有心理學家提出以下幾點建議：

一是經常對自己說一些肯定的話。有些人因為皮膚黝黑，站在鏡子前總是感到有些自卑，會對鏡中的自己說，「真是丟人，與人家相比，我

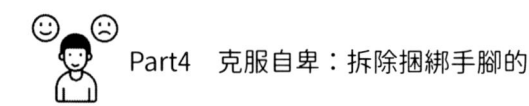

Part4　克服自卑：拆除捆綁手腳的

就像是一塊黑炭」；但有些人雖然擁有這樣的膚色，卻對自己說，「我的皮膚黑又怎樣呢，它讓我看起來更加健康」。

心理學家表示，不同的話語對人的心理所產生的影響是不同的，而且價值判斷的標準也是比較主觀、含糊的。如果自己看著心煩，看來看去就會感到不順眼；但只要自己認為漂亮，就會讓我們看起來很有魅力。尤其是那些有自卑感的人，更容易受到某些言語的影響。所以，不妨對自己多說一些積極、肯定的話語，比如「我可以的」、「我一定能做到」等話語來激勵自己。

二是學會微笑。心理學家經過研究發現，微笑能給人很大的推動力，可以治癒自卑等不良情緒，還能化解我們對他人的敵對情緒。如果我們真誠地對他人微笑，對方就不會對我們生氣、惱怒。比如，在搭乘捷運、公車時，有些人會不小心踩我們一腳或是撞我們一下，本來我們可能會有些生氣，但是一看到對方真誠地微笑、並誠摯地道歉時，我們只好低聲回答「沒有關係，這種事情經常發生」。瞬間，它就能緩解我們的敵對情緒。

三是為自己設定目標，並保持強烈的欲望。心理學家建議，當深受自卑的困擾時，可以嘗試給自己制設定、量化目標，當自己獲得一次小小的成功後，就會品嘗到成功的喜悅，長此以往就能逐漸消除自卑感。同時，我們還要讓自己保持強烈的欲望，為了完成目標而付諸努力和行動，即使面對困難和障礙，我們也要勇往直前，絕不改變目標，這樣才會克服自卑，走出自卑的陰影。

自卑感是邁向成功的踏板

有一個男孩學習成績不錯，在學校裡一向是名列前茅。後來，他因為優異的成績而考入了第一志願。可是，初到這座大都市，讓從小城市出來的男孩有些自卑，總感覺自己與這裡的一切格格不入。所以，他很忌諱別人問自己從哪個地方來的，因為他擔心自己說了，他人也未必知道。

害怕什麼來什麼。一次，同桌不經意地問道：「你的家鄉是哪裡？你來自哪個城市呢？」這讓他不知該如何回答。因為在他的意識中，小城市往往意味著沒見過大世面，如果與那些來自大城市的人相比，肯定會讓人瞧不起的。所以，後來他在學校裡變得不善言詞，也不敢主動找同學講話。當一個學期結束後，很多人都不認識他。

由於過於自卑，他始終不敢與同學做過多的交流，總擔心他人問起自己來自哪個城市。所以，很長一段時間裡，他都無法走出自卑的陰影。走路時，頭也不敢抬起來；當與同學合影留念時，他都會下意識地戴著一副大墨鏡，以遮擋自己自卑的內心。

這個男孩後來成為家喻戶曉的名嘴，他在所主持的節目中總是給人一種從容與自信的印象，面對觀眾侃侃而談。成名後的他在接受媒體的採訪時曾表示，在鏡頭前，自己的這份自信並不是天生的，自己是由於「極度的自卑而導致自信，因為真正自卑的人最後才能真正變得自信」。

美國著名作家貝農女士曾說：「自卑感是走向成功的踏板，沒有它，成功則毫無希望。自卑感絕不是令人羞恥的，人們發現它，承認它的存在，設法彌補它，進而達到人生的目標。」日本著名教授關計夫也曾斷言：「全然沒有自卑感也就絕不可能成為一個卓越的人。」

可是，很多自卑者總是讓自己陷於自我否定中，認為自己一無是

Part4　克服自卑：拆除捆綁手腳的

處，進而感到自己的前途一片渺茫、毫無希望，對此苦惱萬分。奧地利的心理學家阿德勒認為，雖然與動物相比，在力量方面人類是最弱的，但人類的優勢卻隱藏在這個弱點的背後。由於人類有自卑感，才會創造出更多的奇蹟，才會為了彌補不足而不斷努力。所以，人類的行為是出於自卑感以及對自卑感的克服與超越。

因此，對於自卑者來說，他們應該將自己的自卑轉化成對優越地位的追求，以獲得更大的成就。雅典著名的雄辯家、演說家狄摩西尼在小時候有嚴重的口吃，而且嗓音比較微弱。可是在當時，他所處的時代是非常崇尚雄辯的，而他與演說家的標準相差甚遠。這讓他感到很自卑，以為自己永遠都成不了有名的雄辯家。

可是，狄摩西尼並沒有放棄，他為自己的不足付出刻苦的努力和訓練。雖然剛開始不盡如人意，演講時他總被聽眾轟下臺，並有聽眾對其嘲笑不已，但他卻不氣餒。為了將聲音變得強而有力，他每天都去海邊，口裡含著小石頭大聲喊叫；為了提升自己的肺活量，他總是一邊演說一邊跑著登上小山丘；為了練好演講的手勢，他每天都在鏡子前不斷地練習。另外，他還將自己關在地下室中，讓自己將所有的精力都用來鑽研辯論術。

在28歲時，狄摩西尼在雅典辯論大賽中獲得了勝利。終於，他得到人們的敬仰，並被稱為「雄辯之父」。

在日常生活中，每個人都會或多或少存在自卑感，關鍵在於我們如何對待。如果我們一味地沉浸在自卑中，最終將會一事無成；如果能將自卑感轉化為動力，認真地看待自己的優缺點，就會克服和超越自卑。

所以，對於自卑者來說，切不可因為自己某方面的缺陷和不足而對生活失去信心，相反，我們應該努力擺脫目前的困境，走出自卑的陰影。那麼，如何擺脫自卑呢？如何才能走出自卑的陰影呢？對此，有專

家提出以下幾點建議：

一是掌握更多的知識，勇於表達自己的想法和觀點。當我們的知識豐富了，視野就會變得更開闊，見解也往往會更獨到。此時，我們還要勇於表達自己的觀點，而不能有意地隱藏自己的想法，擔心自己的觀點被他人駁回或是攻擊，這樣只會讓我們止步不前。所以，我們要勇敢地實踐，勇於表達自己的想法和觀點，才能看到自己的不足，進而不斷地完善自我。

二是學會向親朋好友訴說。專家建議，對於自卑者來說，不應讓自己陷入孤立無援、獨自苦惱的狀態中，而是要將自己的困惑告訴身邊的親朋好友，讓他們幫自己分憂解惑。這對消除自卑感有很好的作用。

三是尋求專業人士的幫助並配合藥物治療。如果自卑感比較嚴重，並且伴有明顯的憂鬱、失眠等症狀，應該尋求專業人士的幫助，同時配合適當的藥物治療，以期能更快地擺脫憂鬱，走出自卑的陰影。

Part4 克服自卑：拆除捆綁手腳的

Part5
降服焦慮：讓「隱性殺手」無處遁形

> 焦慮是一種普遍存在的心理現象，它如同空氣般存在，甚至會隨著個人的心理狀況變化而蔓延開來。另外，它就像癌症一樣，一旦發作就很難治癒，所以，在精神層面，焦慮又被稱為「不治之症」。可是，這並不意味它真的無法根治。

Part5 降服焦慮：讓「隱性殺手」無處遁形

揭開焦慮的神祕面紗

在家人和朋友的眼中，劉曦是一個典型的工作狂，平時週末的時間也用來加班處理工作，不給自己留一點個人放鬆的時間；在同事的眼中，她是一個女強人，她所管理的部門每次業績考核時都是公司第一名。不僅如此，劉曦為了擴大自己的客戶群，她不斷地充實自己，不斷地學習，即使這樣，她還是總覺得自己什麼都不懂，還要繼續「充電」。

因此，丈夫對劉曦忍不住抱怨起來。原來，他們事先說好了，即使工作再忙都要抽時間一家三口外出旅行，多花時間陪陪女兒。可是劉曦卻將自己的時間全都給了工作，女兒則被放在寄宿學校中，週末好不容易回家也見不到媽媽，幾乎都快忘了媽媽長什麼模樣。有一次，劉曦終於抽出時間去開家長會，女兒在眾多的家長中竟然沒有找到媽媽在哪裡。

丈夫公司舉辦活動需要劉曦參加時，她總是以忙為藉口推脫掉，這讓公司很多人都以為劉曦的丈夫是孤家寡人一個，還說要給他介紹對象。這讓丈夫哭笑不得，也讓他對劉曦越來越不滿，擔心自己的婚姻早晚會出問題。

最近，劉曦的身體也大不如前，雖然去醫院檢查後並沒有什麼器質性的病變，但她經常會感到莫名的焦躁、不安、噁心等。這讓劉曦很納悶：自己這是怎麼了呢？

其實，劉曦的症狀是焦慮的表現，這是一種非常常見的情緒狀態。焦慮是人們與自然環境做抗爭以及在生存適應的過程中發展出來的一種情緒。在日常生活中，我們常常會看到這樣的現象：有幾個學生在教室裡說：「明天考試成績就要公布了，我覺得很緊張。」有幾個媽媽在聊天時說：「我家孩子的成績總是在退步，我真不知道該怎麼幫助他。」幾名

同事在上班路上說：「最近業績不怎麼好，每次到了公司總是感到如履薄冰。」其實，這些現象都是焦慮的表現，只要積極地尋找解決的方法就能緩解焦慮。

這種焦慮是一種保護性的反應，也稱為生理性焦慮。如果焦慮的嚴重程度與客觀事件或是處境明顯不相符，抑或是持續的時間比較長，就成了病理性焦慮，即我們常說的焦慮症。一般來說，病理性焦慮往往是當事人控制不住的。焦慮症被列為心理障礙的一種，在生活中也是比較常見的。一項資料顯示，一般人口發生率是4%，占精神科門診的6%～27%。有專家指出，美國正常族群中終生患病的機率是5%，而國內的發生率比較低，平均是7‰；戰時焦慮症占戰時精神官能症的1%。另外，這種病症常常出現於青年時期，男女之比為2：3。

關於焦慮產生的原因，不同的學派有不同的解釋，具體的原因主要有以下幾種：

一是遺傳原因。有醫學專家指出，血緣關係往往在焦慮症的發生中造成很重要的作用，同病率達到15%，遠遠高於一般人；異卵雙胞胎的同病率是2.5%，而同卵雙胞胎則是50%。還有專家認為，焦慮症是環境因素透過敏感體質共同作用的結果，而敏感體質是由遺傳決定的。

二是精神原因。一般來說，有的人會因為輕微的挫折、不滿等精神因素誘發焦慮症的產生。

三是性格原因。如果有的人性格比較自卑、膽小、做事謹慎、身體稍有不適就感到很緊張等，也很容易產生焦慮。

一般來說，焦慮症主要有以下六種情況：

一是急性發作的強烈焦慮。這常見於驚恐症或是各種恐荒症。這類人會突然感到危機或是威脅，並感受到強烈的恐懼，產生想要立即逃離的衝動。同時，還會有各種身體症狀的產生，比如心悸、出汗、呼吸困

難、噁心、頭昏等，並伴隨認知症狀的發生，比如人格分裂、害怕失去控制等情況。

二是預期焦慮。是指焦慮患者往往會預期再次面臨恐懼的場合或是情境而出現的焦慮。比如，驚恐症患者對驚恐再次發作的擔心，社交恐懼症患者會對即將到來的社交場合產生擔心。

三是無緣由的焦慮或是漂浮性焦慮。這類焦慮是廣泛性焦慮症的特徵，他們往往是沒有原因的、不限於特殊場景的廣泛而持久的焦慮。這類人總是預感自己處於不可避免的危險中，但又說不清楚危險來自哪裡。同時，總是懷疑自己是否有應對即將來臨的危險的能力。另外，他們還會產生身體症狀，比如，心跳加快、出汗、窒息、噁心等。

四是分離焦慮。這往往表現為兒童的分離焦慮症，是孩子與父母分離時而產生的一種反應，他們常常會出現容易被激怒、痛哭等狀況。有專家指出，這只是孩子試圖對強加給他們的改變做出的一種調整反應。

五是憂慮性焦慮。一般來說，這類患者往往會過分地擔心自己或是身邊的親人發生不幸的事情，或是發生非現實的威脅而引起的症狀。比如，總是擔心親友在出門後會發生車禍等意外。所以，他們常常感到驚慌、心煩意亂、憂心忡忡等，這種焦慮的程度與現實或是誘發焦慮事件的程度是不相符的。

六是臨場焦慮。這往往與執行的任務有關，如果這項任務沒有把握完成，就會產生焦慮，越是沒有把握，焦慮就會越強。

其實，焦慮是人的一種本能情緒，每個人都或多或少存在焦慮的情緒，當我們心理壓力比較大，並受到刺激時，就會產生焦慮情緒。心理學家表示，正常的焦慮情緒能夠幫助我們應對突發事件，但長期的焦慮情緒則會影響我們的身心健康。如果我們長期處於心理焦慮的狀態，應該如何調整呢？對此，有心理學家提出以下幾點建議：

一是轉移注意力。心理學家表示，情緒焦慮是一種惡性循環，越焦慮就會讓我們越注意引發焦慮情緒的事件，進而讓我們胡思亂想、坐立不安，並感到異常痛苦。此時，不妨轉移自己的注意力，比如，找一本自己感興趣的書或是做一些體力勞動等，使自己不再繼續想那些事情。

　　二是增強安全感。心理學家表示，那些存在焦慮情緒的人往往是因為缺乏安全感，總是擔心有什麼事情會發生，所以才感到焦慮。所以，可以試著增強自己的安全感，以緩解焦慮情緒。比如，鍛鍊身體，以讓自己擁有健康的體魄；多讀書，開拓自己的視野等。

　　三是學會放鬆。心理學家指出，不管是焦慮、恐懼等，還是其他不良情緒，只有學會自我放鬆，才能更好地調整。比如，去看場有意思的電影、聽一聽節奏舒緩的音樂等，都可以讓我們的身心得到放鬆。

Part5　降服焦慮：讓「隱性殺手」無處遁形

不可小覷的焦慮情緒

徐佳是一名高三的學生，現正面臨升學考試，所以她每天都相當緊張，總擔心自己沒有將所學的知識掌握牢固，在考試時發揮失常。所以，她一直感到很焦慮，除了上課、自習時間在學習，平時休息的時間也在學習。晚上宿舍熄燈了，她還在被窩裡用手機照著書本學習。即使如此，她的學習成績也只是在班裡處於中等水準，所以，她感到壓力非常大。

課堂上，徐佳總是強迫自己注意聽講。只要自己走神或是犯睏，她就用筆戳自己的手臂。可是，雖然她在課堂上能夠聽懂老師所講的內容，但一做習題，她就發懵了，不知道該如何解答。所以，每次做題目或是做測驗卷時，她都相當緊張、焦慮，生怕遇到不會的題目。

在一次測驗時，徐佳因為一道題不會做竟然思考了半個小時。可是她越不會越著急，坐在那裡煩躁不安、焦慮不已。最終，她連後面簡單的題目都沒有做完，測驗的時間就截止了。結果，她考得很不理想。這讓徐佳感到很難過，想著自己這麼差的成績如何能考上大學，越想越難過，晚上直到凌晨一兩點還難以入睡。

由於長時間的睡眠不足，再加上她每天都在擔心中度過，所以，徐佳變得愈發憔悴，整個人病懨懨的，濃密的頭髮也有些稀疏。與她關係不錯的同學都勸她要多注意休息，讓她別那麼拚，要懂得適當地自己放鬆一下。可是徐佳聽不進去，依然強迫自己去學習。

由於她的精神狀態不佳，所以學習效率變得很低，成績也明顯的下降，這讓徐佳變得更加焦躁，而且總是失眠、做噩夢，常常會有窒息感。徐佳很痛苦，甚至有了自殺的念頭。當家人得知這一情況後，不得不讓徐佳休學，以便好好調養身體。

現今，由於社會發展非常迅速，人們的生活節奏也變得越來越快，而社會的急遽發展以及競爭意識越來越強，使得越來越多的人產生了焦慮的情緒。如果長期受到焦慮情緒的影響，就會讓人罹患焦慮症，而焦慮症一旦發作起來會產生巨大的危害。

在坦尚尼亞境內，有一群斑馬常年生活在這裡，牠們奔跑的速度非常快，而且很有凝聚力，特別注重團結合作。牠們通常都是成群結隊地在一起，能夠避免受到其他猛獸的攻擊，所以，其繁殖的速度也很快。可是讓人不解的是，連獅子和老虎都奈何不了的斑馬，牠們的天敵竟然是不起眼的蝙蝠。

原來，蝙蝠的手段很「高明」，牠們每次攻擊斑馬的時候，都是在其腿上咬一個小小的傷口。雖然這個傷口不會致命，但由於斑馬的脾氣非常暴躁，一旦被蝙蝠咬了之後，牠們就會變得狂躁不已，想要將身上的蝙蝠甩掉。可是，斑馬越是如此，蝙蝠就咬得越緊。直到最後，蝙蝠心意滿足地離開了，而斑馬卻因為過度疲勞，且失血過多而倒地身亡。

其實，斑馬之所以會身亡是因為在面對突如其來的攻擊時沒有靜下心來思索如何應對，而是受到焦慮的情緒影響，拚命地奔跑，最終丟掉了自己的性命。所以，有時候我們面對的敵人並不是外界的威脅，而是我們內心的不安與焦慮。

有心理學家指出，焦慮情緒就像空氣一樣包圍著我們，讓我們無從覺察，並習以為常。它就像寄生蟲，用悲觀、恐懼、憂鬱等情緒不斷地吞噬著我們健康的心態，將溫馨與快樂從我們身邊抽離。那麼，長期的焦慮情緒會對人們造成哪些影響和傷害呢？對此，有專家彙總出以下幾點：

一是形成神經紊亂和睡眠障礙。有研究發現，如果人們長期受到焦慮情緒的困擾，會出現面色蒼白、易出汗、有窒息感、心悸等情況。還

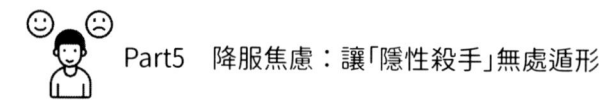

Part5　降服焦慮：讓「隱性殺手」無處遁形

會造成睡眠障礙，比如，入睡比較困難，常做噩夢，容易在睡眠中被驚醒等情況。有專家指出，焦慮往往會導致人們長期出現睡眠問題，其時間可長達 6 個月之久。

二是會提高癌症的發生率。有醫學專家指出，如果人們長期受到焦慮情緒的困擾，就會使心情處於極度壓抑和苦悶的狀態，人們的抵抗力和免疫力也會隨之下降，進而引發癌症。醫學研究發現，雖然致癌的因素非常複雜，但精神因素往往是重要的作用，大多數的癌症患者都是長期處於焦慮情緒中。雖然精神心理因素並沒有直接誘發癌症，而它卻以慢性而持續的刺激來影響和降低人們的免疫力，進而提高癌症的發生率。

三是產生自殺的念頭。專家指出，焦慮會導致人們缺乏耐心、暴躁、憤怒等情緒，引發情緒失控，讓人難以應付，也會導致精力無法集中，缺少理性思維，進而會出現自殺的念頭。

可見，長期受到焦慮情緒的困擾會產生多麼大的危害。當我們了解這些危害後，就應該對焦慮情緒提高警惕，擺脫焦慮症的困擾。那麼，我們應該怎樣對抗焦慮呢？對此，有專家提出以下幾點建議：

一是採取接納的態度。心理學家指出，情緒是不受主觀意志控制的。比如，當我們在公共場合講話時往往會有些緊張，可是我們越想控制，常常反而會越緊張。焦慮情緒也是如此，如果我們想要控制它，就會感到更加焦慮。所以，我們不妨採取接納的態度，當控制不了時，就學會接納它。只有我們接納了，它才會逐漸消失，正所謂「無為而無不為」，因為任何情緒都有發生、發展、高潮、下降、結束的過程。

二是嘗試找出產生焦慮的心理原因。比如，看看自己是不是要求太高，是不是太注重結果，是否太在意他人的評價等。上文的徐佳就是對自己的要求過高，其實，家人只是希望她能考上差不多的學校就可以

了，所以從來都不會給她太多的壓力，可是徐佳卻對自己嚴格要求，才變得異常焦慮。

　　三是多挖掘快樂的泉源。心理學家指出，如果我們快樂的來源越多，就會削弱緊張、恐懼等情緒，焦慮也就無處遁形了。所以，我們要多挖掘一些快樂的泉源，讓自己享受生活的幸福。比如，參加一些有意義的活動，多與朋友外出旅行等。

　　四是向心理專業人員尋求幫助。如果自己擺脫不了焦慮的情緒，備受焦慮的困擾，就要積極主動地尋求心理專業人士的幫助，使自己能夠盡快從焦慮的陰影中走出來。

Part5　降服焦慮：讓「隱性殺手」無處遁形

焦慮不是不治之症

　　陸遜今年40多歲了，是某公司的銷售總監，由於工作忙碌，他的生活缺乏規律，總是到凌晨一、兩點才睡，有時候甚至睡得更晚。不僅如此，他還要經常應酬，每次都是喝得酩酊大醉，被助理開車送回家。

　　有一次，陸遜去參加某個應酬，正與客人高談闊論時，突然感到心跳得很厲害，而且胸口好像被什麼壓住似的，讓他喘不過氣來，幾乎要窒息一樣。同時，他的臉色變得慘白，不一會兒全身就大汗淋漓。這讓陸遜很害怕，以為自己是喝酒喝多了。於是，這場應酬剛結束，陸遜便讓朋友帶他去醫院檢查一下。

　　但奇怪的是，當陸遜到達醫院後，醫生還沒有給他檢查，他的這些症狀就消失了。後來，經過檢查，陸遜的身體並無大礙，回家後也沒有覺得哪裡不舒服，生活、工作依然照常進行。

　　幾個月過後，陸遜身上再次出現了相同的症狀，而且情況也變得越來越頻繁，有時候發生在早上，有時候發生在晚上。每次發作都像第一次的症狀那樣，不需要進行任何處理，過一會兒就消失了，如同鬼魅一般。這讓陸遜感到有些恐慌，他害怕自己哪一天會因為窒息突然死亡。

　　後來，他到大醫院去做身體檢查，都沒有發現有什麼病症。直到他去心理醫生那裡諮商才得知，自己得了焦慮症，因為陸遜經常會擔心業務部門的業績情況，他自從擔任銷售總監一職，就變得憂心忡忡。雖然在心理醫生的開導下，陸遜知道自己是因為過於擔心和憂慮才出現這種症狀，但他又擔心焦慮是不是就是不治之症呢？

　　焦慮真的是不治之症嗎？答案是否定的，它只是我們對生活、對心態「管理不當」而形成的。焦慮是一種普遍存在的心理現象，它如同空氣般存在，甚至會隨著個人的心理狀況變化而蔓延開來。另外，它就像癌

症一樣，一旦發作就很難治癒，所以，在精神層面，焦慮又被稱為「不治之症」。可是，這並不意味著它真的無法根治。

在日常生活中，不管是哪個群體的人都會受到焦慮的影響。比如，對於學生來說，他們經常會過度擔心考試成績，總是在考前感到不安或是在考後憂心忡忡；對於上班族來說，他們常常會過度擔心工作業績，尤其是在績效考核時最為擔心。

不過，學生如果只是適度地擔心，則會激勵他們好好學習，以取得更好的成績；而上班族如果只是適度地擔心，則會讓他們更認真地工作，進而讓自己的績效達標。

因此，適度的焦慮能夠促使人們採取行動，進而緩解焦慮的情緒，此時，焦慮則成了一種保護性反應。可是，當焦慮的嚴重程度與客觀事件或是處境明顯不相符時，抑或是焦慮的時間過長，則變成病理性焦慮，嚴重的甚至發展為焦慮症。

在醫學界，研究人員根據焦慮的程度不同將其分為健康的焦慮和不健康的焦慮。健康的焦慮是指警惕、慎重、預防，以此幫助我們實現人生目標。在這種情況下，焦慮是有益的。比如，開車時以正常的速度來駕駛、選擇食品時要選對自己身體有益的，這些健康的焦慮會幫助我們降低受到傷害的可能性。

可是有時候，健康的焦慮會被人們放大，進而成為不健康的焦慮，而不健康的焦慮是具有破壞性的，會讓我們的身心受損，比如，內心會感到焦躁、煩悶、壓抑等，而表現在行為上則是坐立難安、失眠多夢、有窒息感等。如果長時間受到焦慮的困擾，就會變得憔悴不堪、體重下降，甚至會誘發疾病。所以，它又被稱為「惡性」的焦慮症。

可是，這並不是說焦慮就是不治之症，想要擺脫焦慮的困擾和重壓，有專家建議，不妨按照以下幾種方法來自我治療：

一是學會自我反省。心理學家表示，對於一些神經性焦慮患者來說，因為他們常常對某些情緒體驗進行自我壓抑，雖然它們看似被壓抑下去了，其實並沒有消失，而是潛伏在潛意識中，並鬱結成病症。

所以，當發病時，我們只會感到痛苦、焦慮，卻不知道是何原因。在這種情況下，我們應該學會自我反省，將那份壓抑的痛苦講出來，必要時可以適當地發洩。一般來說，在發洩後，這種症狀就會慢慢消失。

二是增加自信。心理學家表示，自信對治癒神經性焦慮往往有關鍵性的作用。在日常生活中，很多人因為對自己缺乏信心，對自己的能力有所懷疑，認為自己做某些事情會失敗，所以會產生莫名的緊張、擔心、害怕等。因此，對於神經性焦慮症患者來說，應該慢慢增強自信，減少自卑感，進而就能降低焦慮情緒。當我們充滿自信的時候，焦慮也會逐漸被驅散。

三是學會自我催眠。對於一些焦慮症患者來說，他們常常會有睡眠障礙，即很難入睡或是會突然從睡夢中驚醒。對此，專家建議，此時千萬不要強制自己入睡，而是要學會自我催眠。比如，可以想像一下自己下次準備去哪裡旅行或是拿起書本閱讀，以促使自己慢慢入睡。

走出「資訊焦慮」的漩渦

　　阮丹是一家自媒體公司的編輯，每天都要處理大量的資訊。由於最近公司的網站要改版，所以阮丹變得更加忙碌：除了在工作時間需要處理各種訊息，到了下班時間，她依然離不開手機、電腦，有時候甚至忙到凌晨一、兩點。

　　有一次，阮丹好不容易休了兩天假，與朋友去外地旅行。可是一路上，當朋友欣賞著美景時，她卻一直低著頭看手機。朋友看了她一眼，勸說道：「好不容易出來一趟，你就把手機關機吧，別總是盯著看了。」阮丹無奈地回答道：「沒辦法啊，最近公司網站改版，Facebook、Line內容都需要更新，而我主要就負責這一塊，隨時都要推送相關的新聞消息，而且還要及時檢視網站是否出現問題。」

　　朋友聽了她的回答，就不再說什麼。後來，她們到了一處群山環繞的地方，阮丹的手機突然沒有了訊號，導致她無法上網。這讓阮丹感到很焦慮和煩躁，她不停地擺弄手機或是移動自己的位置，希望能收到訊號，但是手機最終還是無法聯網。於是，她向朋友藉手機，但還是不行。

　　此時的阮丹再無旅行的興致，她急忙按原路返回，因為剛剛經過一家速食餐廳時，阮丹發現店中有網路。後來，阮丹就在那個速食餐廳坐了一天，一直忙著處理各種消息。

　　幾個月過後，阮丹發現自己只要看電腦、手機就會出現精神疲憊、頭昏腦脹、噁心、注意力無法集中等情況，甚至有時候還會產生食慾不振、胸悶、心悸等症狀。

　　阮丹的症狀在心理學上被稱為「資訊焦慮症」，又被稱為知識焦慮綜合症，主要是因為長時間接受、處理大量的資訊，進而抑制大腦皮層活

Part5　降服焦慮：讓「隱性殺手」無處遁形

動，致使人們產生突發性的焦躁、噁心、神經衰弱等症狀。其實，在當今社會，很多人或多或少都會出現這樣的症狀，尤其是 25～40 歲的高學歷、高收入的人群，比如，從事記者、編輯、網站工作人員等職業，他們經常會接觸大量的資訊，一不小心就會陷入資訊焦慮的泥沼中，所以他們更易患有資訊焦慮症。

一般來說，資訊焦慮的症狀有以下幾種情況：

一是受到資訊干擾，導致判斷力下降。對於人類的大腦來說，能夠同時儲存大量的同類資訊，但由於接觸的資訊過多，又沒有及時分析和處理，就會讓人的思維變得混亂，進而導致判斷力下降。

二是對資訊有所畏懼。在資訊爆炸的年代，由於資訊更新得相當快，很多人不得不拚命地學習新知識，但有些人會為此顧慮重重，總是擔心自己跟不上時代的腳步或是感到負擔過重，進而會表現出焦躁不安、恐慌、食慾不振、失眠、心悸等症狀。

三是對資訊來不及消化。由於大腦接觸的資訊過多，導致它在短時間內往往來不及消化。如果長期如此，就會出現頭昏腦脹、注意力無法集中等現象，甚至還會出現心律不齊、緊張性休克等症狀。

1954 年，加拿大心理學家曾做過這樣一個實驗：他們邀請一些大學生作為志工，讓他們戴上半透明的塑膠眼罩、紙板做成的套袖以及厚厚的棉手套，躺在一張床上除了吃飯、上廁所，什麼都不要做，時間要盡可能地長，心理學家每天都會付給他們 20 美元的報酬。

很多大學生聽了感覺非常不錯，因為當時的他們，打工 1 小時只能賺 50 美分左右，所以，他們都踴躍報名參加，認為利用這個機會可以好好休息一下，在此期間還能仔細考慮自己的論文、課程計畫等。

可是結果並非學生們所想的那樣，沒幾天，很多志工都紛紛退出了。因為在實驗的過程中，他們感到非常難受，根本無法正常思考，即

使在短時間內也無法集中注意力。更可怕的是，有 50% 的人在視覺、觸覺、聽覺等方面還出現了幻覺。

這就是心理學上著名的「感覺剝離」實驗。心理學家透過切斷志工各種感官對外界資訊的獲取途徑，讓他們處於高度隔離的狀態。實驗結果證明，如果沒有資訊的刺激，人們便無法健康地生存，心理功能會受到不同程度的損害。所以，我們需要與一定數量的資訊接觸，以保持神經興奮水準。

可是，在現今資訊激增的社會中，由於資訊的種類繁多，而且數量巨大，內容往往良莠不齊，導致人的大腦承受了沉重的負擔，進而讓人變得不知所措。由於每個人的資訊承載量是不同的，當個人所接受的資訊超過其所能承載的資訊量時，就會不由自主地產生無所適從的症狀，比如，緊張不安、焦慮等，甚至會對資訊產生依賴感，乃至成癮的現象，即所謂的資訊焦慮。

對此，有專家表示，在網路資訊發達的年代，資訊往往是無止境、無極限的，即使花一輩子的時間也無法將其全部消化。所以，我們不能因為生活在資訊爆炸的年代而被氾濫的資訊所控制，進而讓自己變得焦慮不安、心情煩躁。正如哲學家所說：「絕對的光明和絕對的黑暗，對一個人來說，結果是一樣的 —— 什麼都看不見！」

因此，我們要學會擺脫資訊焦慮，走出資訊焦慮的漩渦。那麼，如何才能化解資訊焦慮呢？如何才能擺脫資訊的控制呢？對此，有專家提出以下幾點建議：

一是接收資訊要掌握一個度。在如今資訊發達的時代，如果我們不接收任何資訊是不可能的，但也不能過度地依賴資訊。對此，專家建議，接收資訊要掌握好一個度。即我們每天可以有計畫、有節制地接收資訊，同時，每隔一段時間就對資訊進行歸納、分類，將複雜的東西變得簡單化。

Part5　降服焦慮：讓「隱性殺手」無處遁形

　　二是在工作時注意勞逸結合。專家建議，尤其是對於那些必須依賴資訊工具而工作的人來說，要減少接觸資訊的時間，每天給自己一些時間來放鬆身心，什麼都不要想，放空自己的大腦，這樣勞逸結合，才不會讓大腦過度疲勞。比如，可以讓自己站在窗臺前發發呆，以緩解內心的焦慮感。

　　三是多參加一些戶外運動。有專家表示，多參加一些戶外運動能夠幫助過度依賴網路資訊的人擺脫虛幻的快樂，多給自己一些靜下心來思考的時間，比如，與朋友一起爬山、騎行等。

不要預支明天的煩惱

在撒哈拉沙漠中,生長著一種土灰色的沙鼠,當旱季到來的時候,牠們就會囤積大量的草根,以此度過非常艱難的日子。所以,每當旱季到來之前,沙鼠就會非常忙碌。牠們嘴裡銜著草根在自家門口不停歇地進進出出,即使累得腰痠背痛,牠們也不願停下來,依然在那裡從早忙到晚。

可是奇怪的是,當牠們所搬運的草根足夠度過旱季時,沙鼠還是不停地將草根銜到洞穴中。此時,沙鼠的洞穴幾乎已經被草根填滿了,似乎只有這樣牠們才能心安理得,才會感到踏實,否則就會陷入焦慮之中。

但實際上,沙鼠根本不用如此勞累和辛苦,也不用那麼焦慮。經過研究顯示,之所以會出現這種現象,是由沙鼠的遺傳基因所決定的,這是沙鼠本能的擔心。由於這份擔心和焦慮,讓牠們所做的工作大於實際需求的幾倍甚至幾十倍。

可是,沙鼠的勞動往往是多餘的,毫無意義的。因為一隻沙鼠在旱季只需要消耗兩公斤的草根,可是每次總是要搬回 40 多公斤的草根才讓牠們心裡感到踏實。而大部分的草根到最後都會腐爛掉,所以,牠們還要花費大量的時間將其清理出洞穴。

在醫學界,專業人士曾想用沙鼠代替小白鼠做實驗,因為它們的個頭比較大,對藥物的特性更能做出準確的反應。可是,在實際操作過程中卻發現,沙鼠並沒有想像中那麼好用。

因為牠們一旦被關在籠子中,就會表現出一種焦慮不安的反應。牠們總是四處尋找草根,甚至會將落在籠子外面的草根也銜進去。儘管沙鼠在那裡根本不用擔心食物和草根,但牠們還是習慣性地焦慮,總是感到很憂心。

雖然在籠子中的沙鼠不缺吃喝,但很快牠們就一隻接著一隻死去了。專業人員研究發現,之所以會出現這種情況,是因為牠們感受到沒

Part5　降服焦慮：讓「隱性殺手」無處遁形

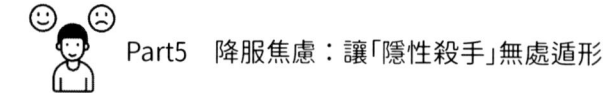

有囤積到足夠的草根。這是牠們大腦的潛意識決定的，即使沒有受到任何實際的威脅。確切地說，沙鼠是因為極度的焦慮而死亡，是自我心理威脅導致的。

在現實生活中，很多人都是有吃有喝，沒有什麼可擔心的，甚至也沒有任何事情會威脅他們，但卻總有些人像沙鼠那樣，常常對於「明天」還未發生或是永遠不會發生的事憂心不已、深感不安。醫學研究顯示，焦慮如同「隱性殺手」般，會讓人的壽命縮短。因為焦慮總是與緊張、驚恐等情緒互相連繫在一起的，它們會對人的身體造成很大的傷害。

在一座寺廟裡，一個小和尚每天都要早起掃落葉，看著滿地的落葉，小和尚感到很心煩，心想如何才能解決明天的煩惱，不用再清掃這麼多的落葉。一個師兄得知他的擔心，就對他說：「你明天起來掃落葉時，先用力搖晃寺廟中的樹，讓葉子都落下來，後天就不用掃了。」

小和尚聽了，感覺這個方法不錯，便在隔天起來掃落葉的時候猛搖樹幹。可是第二天起床後，他發現寺廟的地面仍然都是落葉。此時，師父走過來對他說：「傻孩子，不管你今天如何用力搖晃那些樹木，明天的落葉依然還是會飄下來的。」

的確，很多人總是想要早一步解決明天的煩惱和擔心。可是，世上很多事並不能提前，所以，我們不要總是去預支明天的煩惱。

有心理學家曾做過這樣一個實驗：邀請20個人作為實驗對象，讓他們在紙上寫下未來一星期內最擔心的事情和煩惱。過了一個星期之後，心理學家讓他們打開看看自己曾經寫下的擔心事項。結果發現，有90％以上的擔憂並沒有在這週發生。正如心理學家所說的那樣，「人生裡有93％的煩惱都是不必需的，它們只存在於我們的想像中，往往不會出現」。

有一個商人因為做生意失敗，欠了很多外債，其中也包括鄰居的，

所以每次到了快要還錢的時候他總是輾轉反側，難以入睡。妻子見此情況，勸他不要如此憂慮，可是他卻聽不進去。於是，妻子走到自家的樓頂，向著鄰居家高聲喊道：「雖然我丈夫明天就該將所欠的債還給你們，但他現在沒有錢，所以明天他依然還不了債。」妻子喊完之後對丈夫說，「現在睡不著覺的不是你了，而是他們」。

的確如此，我們不要總是為明天還未發生的事情而擔憂不已，更不要讓自己預支明天的煩惱，而要好好地度過今天，如果煩惱、憂慮的事情真的發生了，我們再調整好心態積極面對，也為時不晚。其實，當我們放下沉重的包袱後會發現，那些原來讓我們焦慮的事情往往不會發生。那麼，我們如何才能不再為明天擔憂和煩惱呢？如何才能擺脫焦慮的困擾呢？對此，有專家提出以下幾點建議：

一是透過調整呼吸來緩解焦慮。一般來說，呼吸急促往往是感到焦慮的一種症狀。短暫的淺呼吸只會讓我們感覺更糟，所以，不妨試著用腹部來深呼吸。尤其是當我們感到焦慮的時候，先用腹部深呼一口氣，並讓肩膀處於放鬆的狀態，然後再深吸一口氣。而在做深呼吸時，讓肚皮也隨之起伏。在做這個練習時，可以將手放在腹部，讓自己感覺到腹部的運動。

二是用日記記下焦慮的症狀。如果我們正在遭受焦慮的侵擾，可以試著用日記記下自己的想法和症狀，來幫助我們客觀地看待焦慮。如果我們將這些症狀看成是災難性的，那麼，就會加劇我們的焦慮，進而變得極為恐慌。可是，當我們將自己的想法記錄下來，就會幫助我們停止最壞的想像。

三是試著與自己交流、對話。當我們意識到自己正處於焦慮的狀態時，不妨試著與自己交流、對話。告訴自己：焦慮終究都會過去的，我們不能受其控制，也不能任其肆虐。時刻提醒自己，讓自己明白其中的道理，才不會被焦慮所困擾。

Part5　降服焦慮：讓「隱性殺手」無處遁形

廣泛性焦慮：無法填滿的欲望之壑

　　余東是一名年輕的上班族，月收入比較高，可他卻時常向朋友抱怨自己的收入不夠花，是個名副其實的「月光族」，這讓他感到很焦慮。朋友聽了感覺很詫異，因為余東的收入可是他的兩倍，雖然他要交房貸，但剩下的錢即使除去基本的開銷，也能存下不少的。

　　朋友不禁問余東：「你覺得你一個月賺多少錢才夠花呢？」余東立刻回答道：「如果薪資是現在的10倍，我應該不會再為此憂愁了。」可朋友卻說：「即使你的薪資漲了10倍，你依然還是不夠花的。」

　　因為當朋友聽完余東所列的生活帳單後，朋友感慨余東是被難以壓制的欲望吞噬著：除去每個月的房貸，每週都要與朋友聚會一次，出於面子問題，他總是爭先「買單」；看到身邊的人購買某些物品，他每個月也要添置衣服、鞋子、數位電子產品等；當看到同事在國外旅行購買奢侈品時，他也會跟風「加購」。

　　前段時間，當他聽聞同事買了新車後，余東按捺不住內心的衝動，立刻分期買了一輛新車，可是新車買回來後，開的次數卻很少。由於沒買車位，余東經常將車停在公共車位上。時間久了，車子停在那裡風吹日晒，還積了不少灰塵，余東就更不想開出去。最後，他以二手價將車賣掉了。

　　得知這些事情後，朋友勸告余東：「我們不要總是看著別人做，做給別人看，更不要讓內心的欲望吞噬我們，而是要學會調適自我，試著改變自己的想法，才能克服焦慮。」

　　的確，因為欲望在作祟，導致我們總是會有各種期待：在沒有錢的時候，我們將欲望壓制著；一旦有錢了，就會迫不及待地實現被壓制已久的期待，進而將自己所賺的錢揮霍一空。由於我們每天都在為金錢而

焦慮，如果情況比較嚴重，就會發展成為廣泛性焦慮症。

所謂的廣泛性焦慮症，是指患者會表現出廣泛而持久的焦慮，持續的時間往往長達三個月之久。其特徵就是過分和不切實際的擔憂，並且還會出現一系列身體症狀。比如，坐立不安、肌肉疼痛、頭暈目眩、失眠、敏感等。一般來說，這類患者擔憂的內容往往會超過兩個不同的生活事件，比如，金錢、健康或是事業等。

專家指出，在相同的環境下，廣泛性焦慮症患者往往要比正常人更易產生擔心、緊張的狀況，而且焦慮很難消失。它不僅會降低人的生活品質，還會對人的身心健康造成很大的威脅。

醫學研究發現，在人群中，有超過5%的人在一生的某個階段會患上廣泛性焦慮症。尤其容易發生在20多歲的年輕人群體中。專家指出，廣泛性焦慮症會受到刺激感應的影響，在患病之前，很多患者都會有突發性生活事件發生，比如失業、離婚、親人去世等。另外，積極的生活事件也會誘發廣泛性焦慮症，比如有了新的工作、結婚、分娩等。

不過，經過研究發現，刺激感應只是起著催化劑的作用，它並不會直接引起廣泛性焦慮症，只是會促使那些有慢性焦慮特質的人產生廣泛性焦慮症。比如，有的人在失業後會對經濟問題產生一定的擔憂，起初，其症狀並不是廣泛性焦慮症，但如果持續的時間比較長，並且過分擔憂不可能發生的事情，就會慢慢演變為廣泛性焦慮症。

像余東這樣的月光族，如果從剛開始短期而單一的金錢焦慮演變成後來長期而複雜的焦慮，就很可能會患上廣泛性焦慮症。如果不及時治療的話，就會出現其他併發症。所以，如果我們想要避免這種情況的發生，就要懂得防患於未然。那麼，如何才能將焦慮扼殺在搖籃中呢？如何才能克服焦慮的情緒呢？對此，有專家提出以下幾種方法：

一是懂得理性消費，學會理財。專家表示，對於月光族來說，最重

Part5　降服焦慮：讓「隱性殺手」無處遁形

要就是要處理好自己與金錢的關係，不要讓自己淪為金錢的奴隸，要懂得理性消費，學會理財。比如，將每個月的薪水好好規劃一下，哪些是必須要花的，哪些是可以節省的；拿出一部分錢用來理財，讓「錢生錢」。

二是學會調適自己的心理。正如上文余東的朋友所說的那樣，「不要總是看著別人做，做給別人看」，因為「人比人，氣死人」，比較、跟風只會讓我們變得更盲目。正如大象、犀牛、長頸鹿、兔子這些動物是不能相互比較的，人也是如此，每個人都有自己的自我意識，每個人的個效能力都是其他人無法取代的。

對此，專家建議，想要克服因為社會的壓力而造成的焦慮，就要學著改變自己的想法，學會正確地認知自己。在人際交往中，展現自己的人格魅力，才能讓自己更加自信。當我們用積極的心態面對生活時，焦慮、煩躁等負面情緒也就無處遁形了。

三是藉助自然療法。當人處於焦慮的狀態中時，身體某個部位的肌肉會發生緊繃的現象。因為焦慮會導致腎上腺素分泌過多，進而使得肌肉緊縮，結果又會導致腎上腺素分泌增加，使肌肉更加緊縮，最終陷入一種惡性循環中。所以，此時我們不妨透過按摩來讓肌肉放鬆。通常來說，所按的部位是頸部肌肉以及上半部背肌，在按摩數分鐘後，症狀就會有所緩和。

另外，還可以使用指壓療法，即按壓手腕內側正對著小指褶皺處的神門穴位，緊壓拇指和食指間部位一分鐘，然後再重複另一隻手，這會對由於焦慮而引起的睡眠障礙產生一定的緩解作用，還能造成鎮靜、減少憂慮的作用。

Part6
緩解壓力：做好生活的加減法

> 正如古希臘的哲學家伊比鳩魯所說：「人類不是被問題本身所困擾，而是被他們對問題的看法所困擾。」的確如此，生活中不可能沒有壓力，關鍵是我們如何對待。

Part6　緩解壓力：做好生活的加減法

無處不在的壓力

最近，趙巍被升為公司的部門經理，這讓他感到肩上的擔子重了許多，而且感到壓力非常大。因為公司將某些小部門合併一起，所以他不僅管理的人員更多了，而且事務也變得更繁雜。這樣一來，趙巍有時候會感到分身乏術。

一天，當趙巍正在處理某項事務時，主管層需要開會，於是他急忙放下手上的工作去開會。當他開完會後想要接著處理未完成的工作時，又有下屬來找他彙報工作；下屬剛彙報完工作，又有客戶來訪，他又立刻去會議室見客戶；因此，趙巍手頭上的工作一直都沒有做完，最後，他只能加班才將工作做完。

當趙巍忙了一天回到家中準備好好休息時，卻又接到了公司的電話，詢問他工作的相關事宜，趙巍詳細地告訴了對方。可才掛了電話，另一個電話接著打了進來。最終，趙巍一晚上接了十幾個電話，這讓他晚飯也吃得不安寧，到了凌晨一、兩點還沒能休息；而第二天，他又得早早去到公司。

由於長時間的睡眠不足，沒過多久，趙巍就變得精神不振，心情煩躁。慢慢地，他喜歡用抽菸、喝酒等手段來緩解自己的壓力。不僅如此，他感覺自己的工作效率越來越低，經常是力不從心，而且還出現胃痛、緊張性頭痛等症狀。

有人曾說：「只要活著，就要面對無窮無盡的壓力，它像空氣一樣無時不在，無處不在，揮之不去。」的確，壓力無處不在，存在於生活和工作的各個方面，人人都會有心理和情緒上的經驗：第一次上臺演講，我們會感到緊張萬分；工作變動會讓我們感到不適應；親人生病會讓我們擔心不已。壓力總是無法避免，但過度的壓力是與緊張、挫折、焦慮

等連繫在一起的，久而久之就會破壞人們的身心平衡，導致情緒困擾，身心健康受損。

何謂壓力？壓力也被稱為一般適應綜合症，是 1936 年由加拿大著名心理學家漢斯・薛利提出的。他認為壓力是某種特殊症狀的一種狀態，是由生理系統刺激的反應而引起的非特定性變化所形成的。一般來說，壓力有三種不同的含義：

一是讓人感到緊張的事件或是環境刺激。比如，一份讓人感到有壓力的工作，人們會將可能造成緊張的事情當成壓力。

二是一種身心反應。比如，參加一場比賽會令人感到壓力很大，即指人的緊張狀態，壓力則是人對比賽的反應。這種反應包括兩種成分：一種是生理成分，會出現心跳加快、手心出汗、口乾舌燥等身體反應；另一種則是心理成分，即個人的行為、思維和情緒等主觀體驗，也就是人們常說的「感到緊張」。

三是一個過程。這個過程是指引起壓力的刺激、壓力狀態和情境。所謂的情境是指人與環境相互影響的關係。所以壓力不只是刺激或反應，還是一個過程。在這個過程中，個人是能夠透過行為、認知、情緒的策略來改變刺激源帶來衝擊的主動行動者。

那麼，壓力產生的原因有哪些呢？壓力源主要有哪幾種類型呢？心理學家經過研究，把造成壓力的各種生活事件進行了分析，彙整出三種類型：

一是社會性壓力源。它主要會造成個人生活方式的變化，並要求人們對此做出相應的調整和適應的情境與事件。社會性壓力源不僅包括個人生活中的變化，還包括社會生活中的重要事件。

二是物理性壓力源。它是指透過個人的身體在物理方面直接發生刺激作用而導致身心緊張的各種刺激過程。比如，過低或過高的溫度、酸

Part6　緩解壓力：做好生活的加減法

甜的刺激等，這些都會引起生理的壓力。

三是心理性壓力源。它是指來自個人大腦中的緊張性資訊。比如，不祥的預感、不切實際的期望、心理衝突與挫折等。這與其他類型的壓力源有所不同，因為它是直接來自人的大腦中，反映了心理方面的問題。

在日常生活和工作中，壓力無處不在，可是對此有的人滿不在乎，有的人卻耿耿於懷，主要是因為人們內心對壓力的認知不同。如果過分地誇大壓力，就會讓自己對壓力產生畏懼感，心理上產生「我應付不來」的想法。如果心理承受的壓力過大，就會對身心健康造成影響。正如古希臘的哲學家伊比鳩魯所說：「人類不是被問題本身所困擾，而是被他們對問題的看法所困擾。」的確如此，生活中不可能沒有壓力，關鍵是我們如何對待。

那麼，我們應該如何調整壓力？如何將壓力帶給我們的身心傷害降到最低呢？對此，有心理學家提出以下幾點建議：

一是了解產生壓力的原因，進行壓力管理。首先，我們要弄清楚是什麼導致壓力出現的主因，是工作還是家庭生活，抑或是人際關係。只有清楚地了解形成壓力的原因，才能有效地解決問題。如果我們壓力管理得當，即將壓力變成動力，就會造成積極的作用，讓我們表現得更為出色。

二是學會分散壓力，不要把工作當成一切。很多人之所以會陷入壓力的泥潭中，是因為他們總是將所有的事情都放在自己身上，這樣就會導致工作強度加大。比如，上文的趙巍之所以感到壓力那麼大，是因為他將所有的事情都攬在身上。

對此，專家建議，應該學會分散壓力，即是將工作進行分攤或是委派給其他人，以降低自己的工作強度。另外，不要將工作當成一切，更

不要將自己所有的時間都用來工作，要學會平衡生活，將時間留給自己、家人、朋友等，只有這樣才能緩解自身的壓力。

　　三是試著按一下壓力「暫停鍵」。當自己感到壓力來襲時，試著按一下壓力「暫停鍵」，讓自己放鬆、休息一下。比如，到室外去呼吸一下新鮮的空氣、散散步等，這樣不僅能夠放鬆大腦，還能防止壓力情緒的產生。

Part6　緩解壓力：做好生活的加減法

享受「挑戰」，將壓力變為動力

　　張婕是一名電話銷售人員，參加工作沒多久，與其他人相比，她認為自己沒有任何優勢，因為她沒有什麼工作經驗，也沒有任何資源，而且性格比較靦腆。果然，在公司做了一個月，張婕的業績是倒數前幾名。

　　看著牆上的業績排行榜，張婕既感到難過，也覺得很有壓力。整整一天，她都在鬱悶中度過，她不斷地否定自己，認為自己可能真的不適合這份工作。可是，當她得知，業績第一名的同事也沒有任何工作經驗時，她頓時有些不服輸：既然別人可以做到，為什麼自己不能做到呢？

　　想到這裡，張婕決定將壓力轉化為動力，享受工作中的「挑戰」，向第一名衝刺。於是，她冷靜地分析了自己在工作中失敗的原因：性格比較靦腆，不願與同事溝通，更不敢主動與客戶交流；對業務還不是很熟練，回答客戶問題時總是無法清楚地說明，所以致使自己打電話時底氣不足，缺少自信。

　　找到失敗的原因後，張婕開始做出改變，她主動地與同事溝通。當其他同事打電話時，她則在一旁邊熟悉業務知識，邊聽他人是如何與客戶交流的。漸漸地，張婕的溝通能力越來越棒，與客戶交流也非常好。在第二個月業績考核的時候，張婕榜上有名，不再是倒數名次，而是正數第一名。

　　不僅如此，張婕的客戶也越來越多，很多客戶都喜歡與她溝通。後來，張婕的業務做得越來越好，成為公司的銷售達人，並被上級提升為部門主管。

　　在現實生活中，人人都會有壓力，這些壓力來自各個方面：學習、工作、感情等，可是，為何有的人能夠輕鬆自如地面對壓力？他們有什麼異於常人的能力嗎？其實不然，很簡單，他們就是學會了享受「挑

戰」，將壓力變為動力。當我們這樣做之後會發現，其實壓力並沒有想像的那麼恐怖，它會成為一種激勵，促使我們奮力前進。

在挪威，沙丁魚總是相當搶手，而且在市場上賣得很貴，尤其是活的沙丁魚。因為每當漁民將它們捕獲運回碼頭後，牠們因為離開了大海而缺氧窒息，沒過多久就死掉了。死掉的沙丁魚不僅味道非常差，而且價格也相當低。如果將沙丁魚運到碼頭還存活的話，販售的價錢要比死魚高出很多倍。為此，很多漁民都想盡辦法，爭取讓沙丁魚活著回到碼頭。可是，雖然他們嘗試了各種方法，但大多數沙丁魚還是因為窒息而在中途死掉了。

奇怪的是，有一艘漁船卻能讓大多數沙丁魚活著回到碼頭，當其他人問那艘船的船長時，他卻嚴守祕密，不告訴任何人。直到老船長去世時，漁民們才知道了他的祕密：原來，老船長將沙丁魚捕獲裝入魚槽中後，會放入一條以沙丁魚為食的鯰魚。當鯰魚在魚槽中，由於環境比較陌生，牠四處游動。沙丁魚見到了自己的天敵，非常緊張和害怕，牠們便四處逃竄、躲避鯰魚，所以奮力游動。

這樣就解決了沙丁魚因為缺氧而窒息死亡的問題，最終，這些沙丁魚都能活蹦亂跳地運到碼頭。這就是著名的鯰魚效應。沙丁魚在魚槽中本來是毫無壓力的，所以也沒有任何的求生欲望和動力，結果都窒息身亡。可是，當把鯰魚放進魚槽中後，在面對鯰魚追殺的壓力時，沙丁魚選擇的是迎接挑戰，將那份壓力變成了求生的動力，奮力在魚槽中游動，最終活了下來。

在日常生活和工作中也是如此，不要讓自己被壓力的夢魘糾纏，要學會調整心態，將壓力轉化為動力，才能讓自己取得更大的成功。正如一位化學家所說：「我為什麼成功？因為我懂得調整心態，懂得把壓力變成動力。假如壓力是 pH 值，在通常情況下顯現中性，那麼我不會讓我的

Part6　緩解壓力：做好生活的加減法

pH 值小於 7，讓壓力不再可怕，不再讓壓力占據我的心靈！」

　　因此，我們要學會直視壓力，不要讓壓力變成我們的負擔，而應該讓其成為我們前進的動力，那麼，應該如何調整心態，將壓力變成動力呢？對此，有心理學家提出以下幾點建議：

　　一是學會「享受」挑戰和麻煩。當我們在生活和工作中面對壓力時，總會將其看成巨大的麻煩，而讓我們感到頭痛不已、身心俱疲。可是，當我們轉換心態，學會「享受」壓力，並嘗試挑戰它們、戰勝它們後，我們就會感到相當愜意、滿足，有成就感，也更有勇氣面對一個個新的麻煩和困難，進而激發我們的潛能，做出更好的成績。

　　二是改善自己所處的環境。如果我們在辦公室當中感到很壓抑，不妨試著改善周圍的環境。比如，可以在辦公桌上放一些自己喜歡的飾品，或是給自己的位置裝飾一下，創造出新鮮活潑的環境氛圍。這樣不僅能夠提高工作興致，還能緩解沉悶的情緒。另外，還可以在桌子上擺放一些代表工作成就的紀念品，這樣更能刺激我們的自信和鬥志，做事也更有積極性。

　　三是運用一些減壓方法。有專家建議，當自己感到有壓力、心情鬱悶時，可以隨身攜帶一個小網球、小橡皮球之類的東西，用力捏一捏、擠一擠，以此宣洩自己的情緒。

　　據了解，在法國就有一個「減壓餐廳」，在那裡就餐的客人，可以隨意掀翻桌子、椅子，以宣洩自己的壓力；更有公司的辦公區中常常放著各種布偶，以供員工們拳打腳踢來發洩壓力。

　　四是適當地開個玩笑或是講個笑話。心理學家表示，幽默往往能夠讓人感覺輕鬆，消除緊張情緒，所以適當地開個玩笑或是講個笑話，不僅能夠緩解氣氛，還能為工作增色不少。正如幽默大師哈維・明迪斯博士所說：「我們有選擇悲劇或喜劇的自由。」

用樂觀心態走出「失去」的陰影

　　在古代，有一個書生長得氣宇軒昂、英俊瀟灑，而且非常有才華，所以他深受年輕女子的愛慕。可是，當他準備去京城考試的時候，所住的客棧卻突然在夜晚被大火吞噬。因為這場大火，年輕的書生所帶的貴重物品都被燒成了灰燼，而且還失去了英俊的容貌，這讓他難以承受，根本無心應考，也無法進行正常的生活，每天都過得渾渾噩噩。

　　一天，當他走到河邊的時候，看著河水倒映出自己不敢認的容貌時，他更加痛不欲生，想要跳河來結束自己的生命。此時，他看見一個和尚正從河裡打水挑到山上的寺廟中。書生發現和尚的一個水桶似乎有些破損，河水「滴答、滴答」地從桶中漏了出來。

　　心地善良的書生一見此狀，立刻追趕上去，告訴和尚說：「你這麼辛苦挑了兩桶水，卻有一個水桶總是在漏水，如果你挑到山上的寺廟中，恐怕水已經快漏完了吧。所以，你趕快換一個桶吧，要不多浪費力氣啊。」

　　可和尚卻坦然地笑著對書生說：「其實，我並沒有浪費力氣啊！我桶裡的水雖然漏了出來，但卻可以為路邊的花草澆水，你看看，這些花草長得多茂盛！」聽了和尚的話後，書生看看山路兩旁的花草的確比其他地方的花草長得更茂盛。此時，他的心情突然變得開朗起來，在內心告訴自己：雖然我現在的容貌被大火燒毀了，但我的內心卻沒有被燒毀，它依然能開出美麗的「花朵」。

　　想到這裡，他微笑著與和尚告別了。從此之後，他不再在意自己被燒毀的容貌，而是將更多的精力放在考取功名上。幾年之後，他考上了狀元，其才華受到了皇帝的賞識，給他與年輕漂亮的公主賜婚。

　　人生在世，我們不能太過於計較得失，而是要看開一些、看淡一點，當心胸變得豁達、大度，不管面對何種壓力，我們都能樂觀地面

Part6　緩解壓力：做好生活的加減法

對。在現今的社會上，很多人都習慣得到，不習慣失去，一旦失去就會表現得無所適從，不知該如何面對，而丟掉樂觀的天性。對此，有心理學家表示，得失是自然規律，我們無須為之耿耿於懷，有失必有得，雖然有時候我們失去了權位和利益，但卻獲得了平靜而快樂的生活。失去的我們往往難以挽回，但樂觀的心態則由我們自己掌握，所以應該學會憑藉樂觀的心態走出「失去」的陰影。

一位男士與朋友坐在輪船的甲板上看報紙，突然，一陣大風吹過來，將他新買的帽子吹走了。朋友看見以後，連忙站起來想要抓住帽子，但還是來不及，帽子被吹到大海中，朋友看了，十分惋惜地說：「太可惜了，新買的帽子竟然被吹到了海中。」

可是那位男士卻看著飄落在大海中的帽子，不為所動，繼續看著報紙。朋友很困惑地問道：「你不心疼那頂帽子嗎？這可是你剛剛買的啊，而且是你非常喜歡的帽子啊！」那位男士聽了，抬起頭說：「是的，帽子被風吹到海裡，我的確很心疼，可是還能將它找回來嗎？所以，我正打算如何省下錢再買一頂喜歡的帽子。」說完，他又低下頭去看報紙。

的確如此，當面對心愛的東西失去時，大驚小怪或是耿耿於懷有什麼用呢？為何不調整心態想辦法來解決呢？可是，在現實生活中，很多人都會因為失去了某些東西而鬱悶不已，感到「壓力山大」：工作丟了，整日渾渾噩噩，似乎天塌了似的；相處幾年的戀人提出分手，便痛不欲生，茶不思飯不想的。

可是即使這樣又能如何呢？還是無法改變目前的局面，也不能解決問題。另外，這些事情還會在心理上留下陰影，讓我們備受折磨。如果不調整好自己的心態來面對，沒有在心理上接納失去，那麼，我們就無法創造新的生活。

所以，工作丟了，我們不如調整好心態，積極、樂觀地找下一份工

作；與戀人分手了，不如重新振作，去尋找新的愛情。這樣才能走出沮喪、落寞的心理陰影，才能更加坦然地面對得與失。那麼，如何才能培養樂觀心態，對待日常生活中的種種「失去」呢？對此，有心理學家提出以下幾點建議：

一是勇於面對現實。其實，人生不管面對何種際遇，都存在好機會和壞機會，而好機會往往蘊含著壞機會，壞機會也隱藏著好機會，關鍵是我們採用何種心態和眼光來對待它。心理學家建議，不管失去何種事物，我們都要勇於面對現實，並積極地調整自己的心態，用豁達、樂觀的態度來面對。而後，認真地分析當前的形勢，以找到解決問題的方法，將壞事情轉化為好機會，進一步走出「失去」的陰影。

二是學會為情緒關「門」。中國大陸著名主持人白巖松曾表示，當面對高強度的工作壓力時，他的祕訣就是學會為情緒關「門」。當我們將這扇「門」關上之後，外面的壓力、沮喪、流言等都與我們無關。此時，我們應該樂觀而積極地生活，做自己想做的事情，比如，看電影、去旅行等。

的確，像白巖松所做的新聞主持行業，每天都活在大眾的視線中，做得好為大家所稱讚，做得不好就會被眾人唾罵。失去了讚揚，不等於無法生活，而是要學會關「門」，不要活在他人的口中，將所有不好的事情看淡，才能讓自己的生活過得更多彩、更瀟灑。

三是嘗試調整心態。有專家表示，當我們無法改變外在的環境時，就需要學會調整自己的心態來適應環境。的確，不能改變外在的事情，就要改變自己面對事物的態度。比如，我們要有「辦法總比困難多」、「任何事情的發生必有利於我」等積極的心態，才能讓我們不管遇到什麼事情都可以從積極、樂觀的角度來思考，坦然面對人生的各種不如意，才能收穫更多的快樂。

Part6　緩解壓力：做好生活的加減法

工作高效妙方：重視短時間的休息

　　史明是某公司的部門主管，他所管理的部門，員工不僅工作積極性足夠，而且工作效率也較高。所以，每次公司績效考核時，史明所帶領的部門都取得了相當不錯的成績。可是公司其他部門的同事，天天抱怨任務太多，而且還要不斷加班工作，這讓他們感到身心俱疲，壓力非常大。

　　起初，其他部門的主管都以為史明與高層有關係，所以分配給史明部門的工作任務比較少。但工作任務都是在檯面上分配的，每次都是透過公司會議下達，他們這才相信史明的領導能力。於是，有些部門主管就向史明「取經」：如何才能讓員工高效地工作？

　　史明告訴他們，其實自己與員工高效工作的祕方就是充分重視休息時間。當中午休息的時候，他會召集下屬們一起玩遊戲，並讓他們專心於遊戲的角色中，大家就沒有時間去想工作的事情，這樣就能讓他們充分休息。在休息之後，就可以精神百倍地去工作。而且他絕對不允許員工在休息的時間工作，如果將休息的時間都拿來工作，會讓他們感到任務很繁重，也會感到壓力非常大。

　　另外，史明很少開部門會議，即使開會也不會占用員工很長的時間。因為不必要的會議會讓員工感到身心睏乏，也浪費很多時間。所以，他的下屬總是能夠高效率地完成工作，而且不會感到有壓力。

　　後來，其他部門的主管都爭相採納這一祕訣，確實有了明顯的變化，下屬的工作積極性都有所提升。

　　心理學家表示，當從事繁重的工作時，要學會運用短時間的休息進行消遣，這樣可以讓我們的身心得到放鬆，才會快速恢復精神，更好地投入工作中。很多人都對著名發明家愛迪生的旺盛精力感到驚奇，因為他總是能夠長時間地工作而不休息，有時候他甚至在實驗室中工作到凌

晨三、四點。其實，他之所以能夠這樣做，就是因為他能夠利用短暫的時間來充分地休息。比如，累了或是困了的時候，他就把書本當做枕頭，趴在實驗室的桌子上睡覺。休息十幾分鐘或是半個小時後，他便又精神抖擻地開始工作。

心理學家表示，在工作時間努力地工作，在休息的時候盡情放鬆，才能將效率、快樂、健康結合在一起。所謂的放鬆和休息，就是拋開目前工作上的一切煩惱和壓力，讓自己好好地休息。

羅伯特・沃波爾是英國著名的政治家，雖然他肩負著重任，而且日理萬機，可是在處理繁雜的事務時，他卻能夠用處之泰然的態度來應對。他是如何做到的呢？因為他懂得如何在適當的時間來放鬆自己。在休息的時間，將衣服從身上脫下來時，他常常對自己說「此時是將任務卸下來的時候」。所以，當放鬆、休息之後，他便能更得心應手地處理工作。

可能有些人認為養成這種習慣太難了，因為即使自己在休息時，大腦也總是不受控制，那些撇不掉的煩心事會不斷地跳出來，這些事情會讓自己難以充分地休息，並且還會受到困擾。對此，專家建議，如果想要充分利用短時間休息，可以慢慢地養成這種習慣，讓自己躺在舒適的地方，即使受到其他事情的干擾睡不著也沒有關係，可以放開自己的思想任其遨遊，並試著讓自己想一些輕鬆愉悅的事情。這樣，不管自己是否睡著，都會感覺自己的身心得到了一定的舒緩。

除了重視短時間的休息，還有其他妙方不僅能夠緩解壓力，還能提高工作效率。對此，有心理學家為我們整理出以下幾種方法：

一是積極運動。將運動當成自己生活和工作的一部分，這樣不僅能夠減輕自己的壓力，還能緩解內心的疲憊。對此，專家建議，每天都透過一些簡單的運動來保持良好的狀態。比如，當工作做累了的時候，可

以走到窗前做幾組簡單的伸展運動，不僅能夠緩解疲憊，還能保持頭腦清醒。

二是找到適合自己的消遣方式。每個人都有自己的消遣方式，可以根據自己的個性與喜好去做。比如，有的人喜歡在工作累的時候去外面走走，有的人喜歡在手中把玩一些小物件等，只要能讓自己緊繃的身心得到放鬆和休息，都可以去做。當我們堅持這樣做的時候就會發現，它會產生很大的魔力，會給我們輸入全新的能量，讓我們的精力變得更加旺盛。

三是培養一種愛好，最好是自己擅長的。當我們有了一種自己的愛好，並非常感興趣且擅長時，就會很投入地做這件事，這會讓我們在活動中變得更有興致，進而讓身心得到放鬆。帶著這份熱情和興奮去工作時，我們會感覺精力充沛，做事更加高效。

放鬆療法：為自己心理減壓

　　馬靈是某中學的一名老師，在同事和主管的眼中，她是一個責任心強、工作認真的老師；在學生眼中，她教課生動有趣，很受歡迎。所以，每次考試，她所帶的班級總能取得非常不錯的成績。很多人都對她羨慕不已。殊不知，馬靈自己卻背負著沉重的壓力。

　　由於馬靈在學校中表現得很出色，所以只要有上級前來學校考察，他們首先就會想到馬靈，推薦上級到馬靈所帶的班級進行視察。如果學校有其他評選活動，他們也會讓馬靈參加。這使得馬靈即使在週末或是假日休息的時候，還要忙著備課，讓她感到身心俱疲。漸漸地，馬靈的身體變得有些虛弱，整個人看上去非常憔悴。

　　當閨密見到馬靈，了解她的情況後，在為其擔心的同時，對馬靈建議道：「你為何不用放鬆療法來為自己減壓呢？這是一種放鬆訓練，可以釋放我們的壓力。」馬靈不解地問道：「這種訓練方法應該怎麼做呢？」

　　閨密邊解釋邊示範：「有一種深呼吸訓練是非常簡單而且容易操作的，透過特殊的呼吸方法能夠控制、調節呼吸的頻率和深度，幫助我們改善心理狀態，讓我們的身心更放鬆。你瞧，可以坐在椅子上或是仰臥在床上，找到自己最舒適、放鬆的姿勢來訓練。用鼻子深吸一口氣，然後緩緩地吐出來，呼氣時要平和、舒緩。在呼吸的過程中，數著自己的呼吸次數，數到 10 之後，再重新開始，不斷重複這樣做。做久了就會發現我們不是在用肺呼吸，而是在用身體呼吸，會逐漸感到自己身體的每個部位都在放鬆，似乎自己與大自然已融為一體。」

　　隨後，馬靈也跟著閨密做了起來。做了幾組深呼吸訓練後，馬靈漸漸感覺放鬆了。

Part6　緩解壓力：做好生活的加減法

何謂放鬆療法？它又被稱為鬆弛療法、放鬆訓練，是透過有步驟的訓練來有意識地控制自己的生理、心理活動，進一步改善身體功能紊亂的心理治療方法。運用這種療法能夠讓人的肌肉得到放鬆，進而讓心理得到鬆弛，最終使得全身保持體內環境平衡和穩定。當我們處於放鬆的狀態時，交感神經活動的功能降低，呼吸頻率與心跳隨之變慢，血壓也緩慢下降，就會產生頭腦清醒、身心愉快等感覺。

放鬆訓練最早是在1938年由美國心理學家埃德蒙‧雅各布森在其著作《漸進性放鬆》中提出來的，旨在幫助人們收縮和舒張骨骼肌肌群，以讓身體變得鬆弛，進而達到心理上的鬆弛。他的這種訓練是漸進性的肌肉放鬆訓練。

在1958年，南非精神病學家沃爾普改進了這一方法，建立了系統減敏感法，在治療焦慮、恐懼症中取得了不錯的效果。在1973年，本斯屯等進一步簡化了漸進性肌肉放鬆技術。放鬆訓練逐漸成為一種單獨的訓練方式。

放鬆療法的理論認為，放鬆可以導致心理改變，對刺激感應所引起的心理變化是一種對抗力量。所以，這種訓練方法能夠改善身體神經內分泌系統的功能，調節人體的心理、神經和生理學功能。放鬆療法是訓練一個人可以隨意放鬆自己的全身肌肉，以讓身心得到舒緩，進而調整情緒。如今，它已經成為解除心理疲勞、恢復身心健康的一種自我調整訓練方法，在醫學界、心理學界也正在興起。

除了上文的馬靈閨密提到的深呼吸訓練方法可以放鬆身心，緩解壓力，還有其他一些放鬆訓練方法。在此，有心理學家為我們彙整介紹了以下幾種：

一是漸進放鬆訓練法。可以選擇一個安靜的房間，穿上寬鬆而舒適的衣服，讓自己躺在沙發上或是床上，處於最舒服的姿勢：讓右腳和右

腳踝肌肉緊張，並扭動自己的腳趾，在肌肉收緊後，再讓其放鬆，重複幾次，記住緊張與放鬆時的不同感受，左腳與左腳踝也是做同樣的練習；收緊小腿肌肉，先做右邊，再做左邊，重複緊張和放鬆訓練；收緊大腿肌肉，先做右邊，再做左邊，體會大腿緊張時是如何影響膝蓋和膝關節的；收緊臀部和腰部，記住緊張和放鬆時的不同感覺。

隨後，練習腹部、背部、前臂、面部等肌肉。這種訓練方法也可以自上而下，每天都堅持做這種訓練，必然會讓身心疲勞得到改善。

二是意象放鬆訓練法。這種訓練方法是透過想像一些輕鬆而愉快的場景來讓身心得到放鬆。運用意象放鬆訓練法時，最為關鍵的就是想像要生動、逼真，而且意象越清晰、生動，放鬆的效果就越明顯。這種方法可以消除人們的身體疲勞，以恢復精力。起初，做這種放鬆訓練並不能讓肌肉很快地進入深度放鬆的狀態，而是要堅持下去，才會有效果。

具體的做法是：讓全身處於放鬆的狀態，閉上眼睛，想像自己置身於一望無際的海邊，正放鬆而安靜地仰臥在海灘上。四肢自然地舒展，並感受到溫暖的陽光、柔軟的細沙、海風輕拂自己的面龐，讓自己沉浸於輕鬆而舒適的環境中，讓內心得到慰藉。

三是音樂放鬆法。在醫學方面，音樂放鬆療法已經應用於精神疾病、心理疾病的治療。《史記》也曾記載「故音樂者所以動盪血脈，通流精神而和正心也」。可見，良性的音樂能夠提高大腦皮層的興奮性，進而改善情緒，對心理造成安撫作用。心理學家建議，可以根據情緒狀態來選擇曲調適合的音樂，調整自己的心理狀態。比如，心情浮躁時可以聽舒伯特的《小夜曲》，情緒憂鬱時可以聽《藍色狂想曲》等清新歡快的音樂。

Part6　緩解壓力：做好生活的加減法

顏色療法：用顏色為生活減壓

　　楊凌是一個家庭主婦，在他人的眼中，她是一個很會生活的人，每天將孩子送到學校後，就會擺弄家中的花花草草以及房間的擺設。去過楊凌家做客的人都對她家的布局讚不絕口，因為在她家中會讓人感到心情舒暢，吃得更加開心。

　　一次，有朋友去楊凌家中做客。進了客廳後，看到她家天藍色的牆壁，心情頓時感到輕鬆了很多。這讓朋友感到大為神奇，對楊凌說：「你家真的很有魔力！每次我來你家做客，都會感到身心愉快，而且心情也特別放鬆。不像我在自己家中，總是感到很壓抑、焦慮。」楊凌聽了，笑了笑沒有說什麼。

　　在吃飯的時候，楊凌在餐桌上擺放著紫色蔬菜和紅色水果，搭配著食物，這讓朋友吃起來非常開心，邊吃邊對楊凌讚不絕口：「你家的飯菜真是香啊，我最近一段時間都沒有什麼食慾，在家都是隨便吃一點。」楊凌見此狀，微笑著對朋友說：「那你就多吃一些。」

　　在酒足飯飽之後，朋友開始向楊凌討教起來：「你在家裡施什麼魔法了嗎？為什麼每次我來到你家都會感到身心放鬆，而且胃口不錯呢？快向我傳授一下你的『魔法』吧。」

　　楊凌笑著回答道：「其實，所謂的魔法就是用顏色來改變心情。你瞧，我們家的客廳是以天藍色為基調的，因為天藍色能夠釋放壓力，而且是一種天然的鎮靜劑，能夠緩解我們內心的焦慮。而你之所以那麼有食慾，是因為我在餐桌上用紫色蔬菜和紅色水果搭配食物，這些明亮的色彩能夠刺激人的大腦和神經，驅趕不愉快的情緒，讓人身心愉悅，吃得才更加開心。」

其實，楊凌主要是運用顏色療法來改變自己的心情。這是一種新的治療方式，現今在歐美等國家非常流行，已經成為西方自然療法的一部分。它巧妙地運用色彩來調節身心，進而促進人的身心健康。據了解，在英國已有600位經過特殊培訓的色彩治療師；在西班牙馬德裡有一個以色彩治療為主題的特色酒店，其理念就是透過色彩療法來改善遊客的身心狀況，以減緩他們的精神壓力。

色彩療法是基於古印度的健康理論，即光譜中的每一種顏色都有一定的波長，會產生振動，使得每一種色彩都擁有特殊的能量，這些能量與人們身體中內在的能量相吻合。如果身體內的能量失去平衡，那麼，人就會感到不適，甚至會生病，而透過色彩調節可以防止能量失衡，即能夠調節身心。

心理學研究發現，不同顏色的美食、服裝，甚至根據不同顏色基調裝修的房子，都會給人不同的情緒體驗。鮮豔明亮的顏色會讓人身心感到愉快，清新的顏色則會有緩解緊張、鎮靜情緒的作用。當人的視覺處在適宜的顏色下就會產生愉快的心情，會不知不覺釋放內心的壓力。

其實，在這之前，楊凌曾經因為生活上的諸多瑣事感到心力交瘁、身心疲憊。後來，她從書中看到顏色療法能夠減緩生活的壓力，她便開始思索和研究起來，將房子顏色基調換成了天藍色，在家裡養了很多綠植，對食物的顏色進行搭配。沒過多久，楊凌漸漸從困境中走了出來，越來越懂得生活。

現今，將色彩心理學應用到日常生活中是非常普遍的，尤其是在室內裝潢、食物等方面，發揮著非常重要的作用。在傳統的家庭裝修中，大多數人都會選擇白色作為底色，再在適當的地方用簡單的顏色進行裝飾。比如，娛樂室會用橙色，因為橙色往往是年輕人的最愛，它能夠讓人充滿活力，感到精力充沛；臥室則用藍色，因為藍色的環境能夠消除

Part6　緩解壓力：做好生活的加減法

內心的焦慮、緊張等情緒。不過，有專家表示，在家居顏色的選擇上，主題顏色最好不要超過三種，否則會讓人感到煩躁不安。

有心理學家表示，藍色確實可以幫助人釋放壓力，所以當置身於天朗氣清的環境之中時，會感到心情明朗；而看到烏雲密布的天空，就會莫名其妙地感到煩躁。外國科學家經過研究發現，藍色是一種天然的鎮靜劑，能夠緩解人們的焦慮情緒，所以，在西方很多學校的教室中都有天藍色的牆壁，這種顏色會讓心猿意馬的學生變得安靜下來，可以專心地學習。

在食物上，食材的顏色往往會給菜餚加分不少。做菜最講究的就是色香味俱全，而這個「色」就能夠第一時間吸引人們的目光，為口舌的品嚐做了賞心悅目的鋪陳。在很多餐廳中，最常見的顏色就是紅色，因為紅色能夠刺激人的食慾。所以很多懂得營養之道的廚師都會在餐桌右邊擺上紫色的蔬菜，而在左邊擺上紅色的水果，由於顏色調和，會讓人看著養眼，吃著舒心，心情大好地享受美味的食物。

另外，如果我們平時感到壓力比較大，身心疲憊時，不妨在休息的時間去郊外走走，因為感受綠蔭會讓我們釋放緊張而煩悶的情緒，而且還能有效地調節血壓和血糖，降低心臟病發作的機率。有研究指出，生活在鄉村中的人往往比城裡的人更長壽，原因就是他們有更多的時間和機會接觸綠色。

的確，綠色的魅力就在於它能夠彰顯大自然的靈感，讓人在緊張而充滿壓力的生活中得到放鬆。如果家中的陽臺有空間，不妨擺放一些綠色的植物，為家庭營造出一種清雅的環境。另外，在辦公桌上也可以放置一些綠色植物，這樣不僅能夠緩解視覺疲勞，還可以消除內心的壓力。

色彩在日常生活中無處不在，只要將色彩運用得當，不僅會為我們的生活增添美感，還能有效地緩解身心疲勞和心理壓力。

Part7
治療憂鬱：
告別心靈感冒，多與陽光接觸

> 在西方，憂鬱症又被稱為「心靈感冒」，這表明它就像是感冒那樣常見。但在患者配合的前提下，經過適當的治療，70％～80％的人都能取得明顯的效果。

Part7　治療憂鬱：告別心靈感冒，多與陽光接觸

憂鬱：心靈上的「流行性感冒」

李茜是一名高三的學生，身材高 ，長得比較漂亮，而且成績也很優異。可是，她的性格卻比較沉悶，平時不太愛說話，也不願意與同學主動交流。只有同學主動找她講話時，她才有一句沒一句地回應著。這讓同學們都覺得她不好相處，所以也不再主動與其溝通。

由於李茜長得漂亮，有不少男生都對她發起愛情攻勢。起初，李茜比較抵觸，因為正值畢業季，她不想因為戀愛而讓自己分心。可是後來一個美術班的男生卻對李茜窮追不捨，由於他非常擅長畫畫，尤其是畫人物肖像，畫得相當好。為了追求李茜，他經常給李茜畫頭像，並偷偷地放在她的座位上。時間久了，李茜漸漸被那個男生打動，兩個人順理成章地走在了一起。

可是，那個男生卻總喜歡與其他女生保持曖昧不清的關係，而且還有很多個「緋聞女友」，但李茜並不知道這些，依然開心地與他談著戀愛。在他們相處兩個月後，那個男生卻突然與另一個女孩子在一起了。當李茜得知後，變得更加沉默寡言，而這件事也弄得全校皆知。由於李茜所在的高中曾三令五申不許談戀愛，當學校師長知道這件事後，對李茜和那個男生進行了公開譴責。

從那以後，李茜的成績開始直線下降，從原來班裡前幾名滑到了二、三十名。不僅如此，她變得無精打采，神情恍惚。每次老師讓她起來回答問題時，她都相當茫然，似乎在做與自己無關的事情。另外，李茜時常會出現心慌、頭暈、失眠等情況。這讓她越來越覺得學習沒有什麼意思，考上大學也沒有任何意義。更為嚴重的是，她甚至有輕生的念頭，感覺活在這個世界上很累，厭倦了一切。

其實，李茜這種症狀就是憂鬱症的表現。憂鬱症又被稱為憂鬱障礙，其主要特徵就是顯著而持久的心情低落。一般來說，剛開始情緒消沉，然後從悶悶不樂發展到悲痛欲絕，甚至會產生悲觀厭世的想法，並有自殺的企圖或行為。更為嚴重的還會出現幻覺、妄想等精神病性症狀，每次發作的時間至少兩週，甚至會長達數年。

憂鬱症是一種比較常見的心理障礙，主要表現有情緒低落、憂鬱悲觀，嚴重者會感到痛不欲生；思維遲緩，經常在自責中度過；飲食、睡眠品質很差，擔心自己身體不適，嚴重者會有自殺的想法和行為。

一般來說，很多人都可能出現或輕或重的憂鬱狀態。當內心感到不愉快、情緒比較低落、自我封閉等情況出現時，往往是一種憂鬱情緒的表現。但具有憂鬱情緒並不表示就是憂鬱症，如果長時間沉浸在憂鬱中，不加以調節，就會發展成為憂鬱症。正如美國著名作家馬克·吐溫所說：「世界上最奇怪的事情是，小小的煩惱，只要一開頭，就會變成比原來厲害無數倍的煩惱。」

在日常生活中，我們總會遇到或大或小的失敗和挫折，甚至讓我們失去珍貴的東西，比如，心愛的戀人、最依賴的親人等，為此，我們會悲傷、痛苦，雖然我們渴望樂觀，但現實卻讓我們快樂不起來，甚至會走向絕望。上文中的李茜在遭遇被劈腿後，變得異常沉默和悲傷，不善言談的她將這些不良的情緒長久地塵封在內心深處，漸漸變得愈發痛苦不堪，不僅影響生活和學習，還讓她走向絕望的深淵，產生了輕生的想法。

縱觀世界歌壇影壇，不少光芒四射的明星都是因為憂鬱症而在大好年華裡選擇結束自己的生命：美國著名歌手、林肯公園主唱查斯特·查爾斯·班寧頓因憂鬱症在家中上吊自殺；香港著名影星張國榮因深陷憂鬱症而跳樓自殺；年輕演員喬任梁也因為憂鬱而自殺身亡。如今，越來

Part7　治療憂鬱：告別心靈感冒，多與陽光接觸

越多的人被憂鬱症所困擾。據媒體報導，全球約有1.5億人正遭受憂鬱症的折磨。

美國作家安德魯‧所羅門在《憂鬱》中曾這樣描述憂鬱症：「我四肢僵硬地躺在床上哭泣，因為太害怕而無法起來洗澡，但同時，心裡又知道洗澡其實沒什麼可害怕的……我用全身的力氣坐起來，轉身，把腳放到地上，但是之後覺得萬念俱灰，害怕得又轉過身躺回床上，但腳卻還在地上。然後我又開始哭泣，不僅因為我沒辦法完成日常生活中最簡單的事，而且還因為這樣讓我覺得自己愚蠢無比。」這樣的表述讓很多人對憂鬱症感到害怕，以為自己只要患上了憂鬱症，就等同於患上了絕症。

其實不然。有醫學專家表示，在西方，憂鬱症又被稱為「心靈感冒」，這表明它就像是感冒那樣常見。在患者配合的前提下，經過適當的治療，70%～80%的人都能取得明顯的效果。所以，憂鬱並不是想像中那麼可怕，只要盡快接受專業人士的治療，一般情況下都能有所好轉。

醫學專家彙總介紹，最容易患上憂鬱症的人往往是那些心理比較極端，遭遇突如其來的重大打擊，曾經被社會所「拋棄」，患有絕症並且精神處於崩潰邊緣的人。另外，遺傳因素與心理社會因素也會誘發憂鬱症。

那麼，如何對抗憂鬱症呢？如何才能不讓自己再受「心靈感冒」的折磨呢？對此，有專家提出以下幾點建議：

一是改變自己的生活。當患上憂鬱症後，我們不妨試著改變一下自己的生活。不要強迫自己還像一個正常而健康的人那樣做很多事，或是完成一項難以完成的任務；如果發現某件事情無法完成，就不妨將其放在一邊或是置之不理。因為過於強迫自己去做，一旦做不好，只會讓自己變得更加沮喪。

二是學會記錄自己的心情和情緒變化。當患有憂鬱症時，試著去記

錄自己的心情，注意自己的情緒、行為、思維等變化，區分哪些是消極的想法，哪些是積極的想法。每當有消極的想法和情緒時，就將其記錄下來，然後將它與一種比較客觀的看法做比較。多做一些讓我們心情愉悅的事情，比如，騎車去外面兜風、聽一些輕柔的音樂等。

　　三是遵循醫學專家的治療方案。根據醫生的囑咐和治療方案去做，定期就診、服藥。

Part7　治療憂鬱：告別心靈感冒，多與陽光接觸

我們為何會容易產生憂鬱

　　蕭海從小就與爺爺奶奶生活在一起，因為媽媽生下他沒多久就因病離世了，而他爸爸則因為在外地打工意外身亡。當蕭海知道這些事情之後感到很悲觀，想法也比較消極，總認為自己就是一個剋星，不應該來到這個世上。每次開家長會時，看到其他同學都是爸爸媽媽前來參加時，他就感到相當失落，總是一個人躲在角落中黯然神傷。

　　由於家庭條件不好，爺爺奶奶賺錢也很不容易，這讓蕭海總是非常擔心他們的身體，害怕哪天也會失去爺爺奶奶，所以他每天都在惶恐不安中度過。這致使他的學習成績下降，讓他更加感到對不起爺爺奶奶，每天都在自責、懺悔中度過，認為自己太沒用了。

　　一天，當蕭海正在自習的時候，老師面色凝重地走到他身邊，告訴蕭海快去醫院，他的爺爺發生了意外，已經送到了醫院。聽到這一消息，蕭海感覺似乎天塌了一樣，他腦袋一片空白，步履沉重地趕到醫院。可是當他趕到醫院時，爺爺已經去世了，這讓蕭海頓時矇了，連哭都不會了，直接癱倒在地。

　　爺爺去世後，蕭海再也無心學習，每天都將自己關在房間裡，任憑奶奶如何叫他，他都不回應。他靜靜地待在房間中一動不動，也不說話，更無法入睡，做什麼都提不起任何興致。起初，奶奶以為蕭海只是過於悲傷，過段時間可能就好了。

　　可是，不幸的事情還是發生了，一天，當奶奶出門沒多久，蕭海從房間裡走了出去，爬到一棟廢棄的二層樓上縱身跳下。所幸沒有生命危險，但卻落下了殘疾。後來，經醫院檢查發現，蕭海是患上了憂鬱症。

　　現今，隨著社會的高速發展，生活和工作的各種壓力不斷增加，導致很多人都患有或輕或重的憂鬱症，不僅對個人生活產生影響，更對身

心造成傷害，患者甚至會有自殺的想法和行為。為什麼人會出現憂鬱症的症狀呢？產生憂鬱症的原因有哪些呢？對此，有專家整理了以下幾種原因：

一是遺傳原因。醫學研究發現，如果家庭中有人患有憂鬱症，那麼，家庭成員患有此種心理障礙的機率就比較高，這可能是遺傳導致了憂鬱症的易感性升高。

二是神經分泌功能紊亂。醫學家透過研究憂鬱症患者的腦部數據發現，93.2%的憂鬱症患者的大腦神經分泌功能紊亂，特別是患者下視丘—腦垂體—腎上腺軸功能出現異常。另外，憂鬱症患者的17-羥皮質類固醇與血漿皮質激素的含量也明顯增高。很多醫學專家認為，這是憂鬱症發病的機理。

三是性格原因。心理學家研究發現，多愁善感、遇事悲觀、自信心比較差、對什麼事情都過分擔心的人往往很容易罹患憂鬱症。這些性格特點會導致心理刺激感應事件的刺激加重，而且這種個性特徵大多是兒童時期養成的。

四是社會環境的影響。有研究發現，有半數以上的憂鬱症患者患病的原因與社會環境有關。比如，家庭經濟困難、親人突然離世、人際關係緊張等，都容易引發憂鬱症。另外，如今生活、工作壓力越來越大，也是造成憂鬱的重要原因。

五是過分的壓抑。有心理學家稱，憂鬱往往是一種被壓制的憤怒。如果我們總是過分壓抑自己，導致不良情緒找不到發洩的出口，就會讓其鬱積於心，進而帶給自己無盡的痛苦。所以，專家建議，當我們產生不良的情緒時，要學會將其發洩出來。比如，向好友傾訴、轉移注意力等。

六是沉迷於失落情緒。心理學大師佛洛伊德曾表示，憂鬱是失落的

Part7　治療憂鬱：告別心靈感冒，多與陽光接觸

一種反應。任何形式的失落都會讓人產生憂鬱的情緒。在日常生活中，我們總會遇到一些令自己心情失落的事情：考試沒考好、丟掉了高薪的工作、與戀人分手⋯⋯雖然我們會為此失落，但如果沉迷其中走不出來，就會導致消極的情緒越來越多。對此，心理學家建議，此時，我們應該嘗試轉移這種不良情緒。比如，與朋友去某個地方旅行幾天、做一些讓自己開心的事情等。

七是過於自卑。奧地利心理學家阿德勒曾表示，自卑是一種普遍存在的情結，只是程度不同而已。自卑就像是透過一層黑色的玻璃來看世界，會讓我們看到的事物都黯淡無光，讓我們備受折磨。對此，心理學家建議，我們不要總是拿自己的短處與他人的優勢比，這樣就會感到自己事事不如他人，而應該學會與過去的自己比較，看到自己每天的進步，才會漸漸消除內心的自卑等不良情緒。

當我們知道產生憂鬱的原因後，在患上憂鬱症時，不要急躁，更不要絕望，而是及時求治，與醫生溝通；嘗試著多與人接觸和交往，而不是獨來獨往；盡量參加一些活動，看看有意思的電影或是電視節目等，就會讓我們逐漸告別「心靈感冒」。

憂鬱症並不是難言之隱

　　袁侖罹患憂鬱症已經一年多了，每次發病的時候他都相當痛苦，頭昏、失眠等症狀一直伴隨著他，所以，他在上班時總是無精打采的，做什麼事都做不好，每次業績都是倒數第一。這讓主管以為袁侖沒有用心工作，所以多次找他談話，讓他在工作上多認真些，不要將精力用在其他地方。因為主管聽聞現在的年輕人都比較喜歡通宵玩遊戲，所以他認為袁侖可能是玩遊戲而導致的精神不振，所以無法認真工作。

　　當袁侖被主管誤解後，他多次想要告訴長官自己得了憂鬱症，可是每次準備說出口的時候內心又產生很多擔憂：長官會不會因為這種病而不再讓自己繼續工作；同事們會不會像看怪物一樣看自己，進而孤立自己……出於種種擔心，袁侖就像做了虧心事一樣，將自己的病情隱藏得非常深，甚至連父母都不願告訴，他總擔心被其他人知道後，自己就會被看作是「怪物」。

　　不久，袁侖的憂鬱症越來越嚴重了，導致他已經無法正常地生活和工作。即使如此，他也不願去醫院檢查，更不敢回父母家或是上班。他向公司請了病假，獨自待在出租房中，對任何事情都失去了興趣，忍受憂鬱的無盡折磨。

　　但公司不允許袁侖請大半個月的假，再加上他工作總是出錯，毫無業績表現，最終，上級以裁減員工為由將其開除了。失去工作的袁侖對生活更加沒有信心，進而加重了他的憂鬱症。

　　沒過多久，當房東催收房租的時候發現袁侖在出租屋中自殺身亡。

　　在日常生活中，大多數患有憂鬱症的人都像袁侖那樣不敢將自己的病情說出來。為了避免被他人發現自己的隱疾，他們往往會選擇保密和逃離，更不願主動去醫院治療。對於他們來說，總認為自己患有這種病

Part7　治療憂鬱：告別心靈感冒，多與陽光接觸

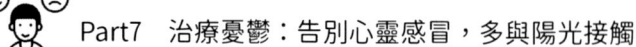

是「隱疾」，無法宣之於口，被他人知道後會瞧不起自己，會認為自己是「怪物」，認為自己有精神病。

其實，憂鬱症並不是隱疾，它就像感冒、發燒一樣普通、常見。有研究發現，憂鬱症不僅與心理有關，還與大腦分泌的化學物質有關。所以當我們患有憂鬱症時，不要有過多的顧慮和擔心，而應大膽地向親朋好友說出來。如果將病情隱瞞起來，不及時就醫，只會加重病情，更加難以治癒。

比如，上文的袁侖隱瞞自己的實際狀況，甚至都不願向最親近的父母傾訴，自然得不到任何人的幫助。這種錯誤的做法導致他獨自承受憂鬱症的巨大痛苦，也找不到可以依靠的精神支柱。當被公司辭退後，他對生活完全失去了信心，最終選擇自殺來尋求解脫。

難道自殺是袁侖自我救贖的唯一方法嗎？當然不是，如今，很多人對憂鬱症都有了一定的認知，也越來越能接受身邊患有憂鬱症的朋友。因此，一些患有憂鬱症的人在向自己的親朋好友傾訴後，更容易得到理解和同情。所以，袁侖在罹患憂鬱症後如果能夠主動向父母傾訴，父母必然會幫助袁侖尋求各種解決的方法，比如，及時帶他去就醫；如果袁侖能將自己患有憂鬱症的事情告訴主管，可能會得到上級的關照和體諒，比如，給他足夠的假期讓他好好休息、調整。如此一來，袁侖的病情可能就會得到有效的緩和。

現今，越來越多的人遭受憂鬱症的折磨，它是一種普遍存在的情感障礙性心理問題。據媒體報導稱，在 2020 年，憂鬱症將成為中國大陸繼心腦血管疾病之後的第二大疾病。它常與其他慢性病並存，導致患者喪失勞動力。對此，醫學專家表示，我們要正確地看待憂鬱症，因為憂鬱症並不是個性的缺陷，也不是人格軟弱的表現，更不是隱疾。

那麼，如何正確地看待憂鬱症呢？如何才能戰勝憂鬱症呢？對此，

有專家條列了以下幾點：

一是憂鬱症只是一種普通的心理障礙，並非個人的意志薄弱導致的。每個人都可能有或輕或重的憂鬱情緒，即使患有憂鬱症也並不表示我們心胸狹窄或是品格低劣，抑或是意志薄弱，因為它與感冒、發燒一樣，只是普通而正常的疾病。所以，當我們自己或是身邊的親人患有憂鬱症，不要認為見不得人或是低人一等，彷彿自己做了什麼虧心事似的。只有勇敢地說出來，並及時就醫，才能有效地緩解憂鬱的症狀。

二是憂鬱症與精神分裂症是不同的。很多患有憂鬱症的人往往以為自己患的是精神分裂症，其實不然，這兩種疾病是兩回事。憂鬱症是能夠治癒的，而精神分裂卻很難治癒，而且還會不斷復發。另外，憂鬱症不會發展成精神分裂症，所以患有憂鬱症的人大可不必擔心。

三是憂鬱症是能夠治癒的。很多憂鬱症患者相當消極、悲觀、絕望，認為這種病症就是絕症，所以會產生輕生的念頭。其實，這是一種很不理性的想法。當一些憂鬱症患者被治癒後回想起自己當初的想法，都會啞然失笑。因此，當我們出現憂鬱的症狀時，不妨告訴自己：我只是情緒患上了「感冒」、「發燒」，雖然目前有些痛苦，但只要吃點藥，很快就會好起來的。

四是勇於求助。患上憂鬱症後，要勇於求助、善於求助。及時地向身邊的人尋求安慰和支持，及時去醫院接受治療，並積極地配合醫生的治療方案，才是正確的做法。

Part7　治療憂鬱：告別心靈感冒，多與陽光接觸

學會與憂鬱「做朋友」

　　17歲的蔣晨在同學們的眼中好似一個驕傲的公主，學習成績優異，小提琴拉得很好，而且還在市裡獲過獎。最近，她準備去參加全國比賽。可是，不幸的事情發生了。當媽媽陪蔣晨去練習小提琴時，遭遇車禍意外去世了，而蔣晨的手臂和腿也受到了很嚴重的傷，從此右手臂再也無法抬起來拉小提琴了。這讓蔣晨一下子跌到了谷底。

　　由於媽媽去世、蔣晨生病，導致家裡欠了不少債，所以爸爸只能忙著賺錢還債，而沒有時間陪伴蔣晨。大部分時間她都一個人待在空蕩蕩的房間中，這讓她感覺內心好像被掏空，整個世界都是灰色的，情緒總是相當低落。她時常自責和哀嘆：媽媽如果不去送自己練小提琴，就不會遭遇車禍；自己也不會成為一個廢人，什麼都做不了；如今活著真是太沒意思了。每每想到這裡，她都感覺非常悲傷、情緒相當低落。不僅如此，蔣晨總感覺身體會出現莫名的疼痛，但到了醫院又檢查不出來有什麼問題。

　　有一天，又是蔣晨一個人在家，當她經過廚房發現水果刀時，她突然拿起刀劃向了自己的手腕，看著鮮血湧出來，她竟然感到很輕鬆，感覺自己終於得到了解脫。幸好，爸爸有事回家發現這一幕，立刻送她去醫院搶救，才把蔣晨從死神那裡拉了回來。

　　後來，醫院檢查出蔣晨是罹患了憂鬱症，這讓爸爸不再讓她一個人在家，同時與她坦誠地溝通和交流，解釋蔣晨媽媽的去世和蔣晨的受傷，都讓他很心痛，總想代替女兒來痛。漸漸地，蔣晨開始理解爸爸的苦楚，雖然爸爸平時不善於表達內心的情感，但她知道爸爸是愛自己的。於是，她也開始將自己內心的想法講給爸爸聽。另外，爸爸還定時帶蔣晨去看心理醫生，使她能盡快從憂鬱中走出來。

　　一段時間過後，蔣晨漸漸變得開朗起來，雖然不能再拉小提琴，但

爸爸發現她喜歡畫畫，就特意給她買了畫板，並給她報了一個美術班，以便讓她認識更多的人。每當蔣晨進步時，爸爸就會不斷地給予鼓勵。

在這段時間，蔣晨雖然感到憂鬱情緒有時候還是會悄悄地「找」上她，開始新一輪的折磨，但她並沒有屈服，而是及時地向心理醫生講述自己的情況，並向爸爸訴說自己的內心情感。在心理醫生和爸爸的幫助下，蔣晨知道自己躲避不了憂鬱，只能坦然地接受它，並將其當成「朋友」。也知道它並不是那麼可怕，只要自己有信心、有動力，就會幸福地生活下去。

經歷憂鬱是一段相當艱難的心路旅程，不管是對憂鬱症患者來說，還是對其身邊的親朋好友來說，都是相當痛苦的。可是，憂鬱症並不是不能治癒的，中國大陸著名的節目主持人崔永元、歌手楊坤等人都曾患有憂鬱症，但最終經過與病魔的艱苦鬥爭，從憂鬱症中走了出來。他們不僅藉由藥物治療，還依靠有很多親朋好友的關心和幫助。

憂鬱情緒會時不時地伴隨我們左右，它就像一個不速之客突然到訪，往往會讓人措手不及，我們的生活也會被它攪亂和破壞，讓我們感到非常沮喪、痛苦，難以正常思考和行動，甚至會喪失學習和工作的能力，變得鬱鬱寡歡、經常一個人獨處，甚至會有輕生的念頭和行為。

而對於大多數憂鬱症患者來說，當他們經過一番藥物、心理治療戰勝憂鬱後，還是會面對「不速之客」的突然再次到訪，這往往比初次遭受時更加讓人痛苦、沮喪，如同剛剛打贏一場仗，還沒來得及休養生息，就再次被推到戰場上。無奈之下，他們又要與憂鬱情緒展開新一輪的戰爭，治療的方式也需要有所改變和更新。

那麼，我們該如何與它相處呢？對此，有心理學家建議，當憂鬱情緒前來「拜訪」時，我們不妨試著與其做「朋友」。

首先，學會坦然地接受，並像對待朋友那樣招待它。有些憂鬱症患

Part7　治療憂鬱：告別心靈感冒，多與陽光接觸

者往往會擔心他人的眼光或是擔心自己會給身邊的人帶來不好的影響，所以故意隱瞞自己真實的狀態，這樣做不僅不能緩解痛苦，也不會有任何實質性的幫助。所以，專家建議，不妨學會坦然地接受，並像招待「朋友」那樣對待憂鬱症。

比如，當它「到訪」時好生「招待」對方，及時地找到可靠的管道，了解哪種治療方式能夠緩解自己的病情，向專業的精神科醫生和心理學家尋求幫助，進行正規治療，比如，藥物、心理治療等或是其他的自我調節方法。

如果這位「朋友」久久不願離去，我們則要提高自己的「服務水準」，即找出在治療上有哪些欠缺或是哪些地方需要改進，及時與專業人士溝通。

其次，培養自己的興趣，多與他人交流、溝通。待病情得到控制，即我們將這位「朋友」安撫好之後，不妨試著做自己喜歡的事情，並主動與其他人溝通、交流，進而舒緩自己的壓力和情緒。比如，上文的蔣晨對畫畫感興趣，爸爸就給她買了畫板，並報名了美術班，讓她接觸更多的人。

再次，當憂鬱情緒再次到來時做好準備。將這位「朋友」送走之後，我們可能會對憂鬱症有了更深的認知，如果它再次「到訪」，我們就會有準備地迎接它，做法就是汲取我們治癒的經驗。比如，多參加一些有意義的活動，注意自己的作息時間、飲食、情緒等狀況。當發現憂鬱症的跡象再次出現時，不妨做出相應的調整，比如，多休息、多放鬆，必要時及時與醫生或是心理治療師溝通等。

驅除憂鬱陰霾的有效妙方

　　姚莉曾是一個輕度憂鬱症患者，在長達一年的時間裡，她一直處於空虛、無助、悲觀的狀態中，意志非常消沉，對任何事都提不起興趣，每天都是無精打采的，無法集中注意力。幸運的是，姚莉是一位心理學老師，當她發現自己這一狀況後，感覺自己有可能患上了憂鬱症。於是，她立刻去相關的醫院就診。

　　經過檢查得知自己患有輕度憂鬱症時，姚莉並沒有因此感到恐慌和害怕，而是想著如何才能與憂鬱症對抗，逐漸走出憂鬱的陰霾。於是，她一方面積極地配合醫生的治療，另一方面進行自我調節。

　　首先，她開始坦然地接受生活和工作中遇到的不良刺激。比如，當遇到一些不順心或是麻煩的事情時，她都會對自己說「這並不是什麼大不了的事情」、「一切都會過去的」之類的話。漸漸地，她再遇到同樣的事情時，情緒就不會那麼糟糕了。

　　另外，她開始每天早晨都堅持跑步、做運動等。為了防止自己犯懶，她還特意定了三個鬧鐘。不僅如此，她還讓身邊的人監督自己，以讓自己堅持下來。除此之外，她還要求自己多與其他人接觸、溝通，以開啟自己的交際面，不讓自己一個人待在家中胡思亂想。每當發現自己進步一些，姚莉就會用日記將其記下來，並進行自我鼓勵。

　　在醫生的治療和姚莉的自我調節下，她逐漸走出了憂鬱的陰霾，重新變得樂觀、開朗起來。

　　醫學專家表示，人們往往是因為憂鬱等不良情緒長期得不到有效的釋放和緩解，進而很容易使自身患上輕度憂鬱症。想要緩解這種症狀，就需要正確理解自己所處的環境，將一些不順心的事情當成正常的現象，並努力地適應它，才能漸漸走出這種陰霾。

Part7　治療憂鬱：告別心靈感冒，多與陽光接觸

那麼，如何才能驅除憂鬱的陰霾呢？除了上文姚莉所使用的方法，還有哪些應對憂鬱症的方法呢？對此，有專家提出以下幾種建議：

一是試著整理自己的想法和感受。對於憂鬱症患者來說，他們往往會沉浸在自己的消極感受中，雖然有時候他們也知道自己的想法或情緒是不合理的，但卻無法將其擺脫掉。

對此，心理學家建議，想要真正轉變這種局面，不妨試著將自己的想法和感受整理在紙上或是專門的筆記本中，不管它們是如何荒唐或是可笑的，我們也要將其完整地描繪出來，別讓它們占據我們的大腦。整理出來後，不要急於分析和評斷它們，而是等我們的情緒有所緩解之後再去看它們，感受往往是不同的。

二是練習冥想。對於憂鬱症患者來說，冥想是一種身心調整的好方法，如今已經被廣泛地應用於心理治療和心靈成長活動中。透過冥想能夠減少人們的焦慮、緊張、憂鬱等不良情緒。有專家表示，有規律地練習冥想能夠幫助憂鬱症患者獲得啟迪。

具體的做法是：在內心確定一個願景圖，任何主題都可以，關鍵是讓自己處於放鬆、平靜、愉悅的狀態下。然後，經由想像來實現他。越是集中投入到自己的願景中，取得的效果就越好。不過，這種冥想練習要長期堅持且重複去做，才能取得更好的效果。

三是多讀一些有益於身心的書籍。心理學家表示，多閱讀一些有益於身心的書籍，不僅能夠增加我們的智慧，還能讓我們對生命有更深的了解。所以，不妨試著多閱讀一些心理學、哲學等方面的書籍。

四是音樂療法。心理學家表示，音樂療法是很多心理醫生治療憂鬱症時考慮的首選方式之一。因為生活和工作的壓力比較大，很多人就像陀螺一樣不停地轉著。對此，專家建議，在忙碌完之後，不妨好好利用休息的時間聽一聽自己喜歡的音樂或是一些輕緩、優美的樂曲，這不僅

能夠緩解疲勞，讓心情變得平和起來，而且還能讓人的精神得到有效的放鬆。

五是養成有規律的生活習慣。專家建議，即使我們處於憂鬱的狀態中，也不要放棄自己的學習和工作，而是試著放慢生活的節奏，安排好工作和休息的時間，經常與朋友出去散散心，讓自己的心情處於放鬆的狀態，進而領略到生活中的美好。同時，也可以嘗試將美好的事情記錄下來。

另外，保持個人清潔衛生，不要穿邋裡邋遢的衣服，更不要將自己的住處弄得一團糟，而是要將房間整理乾淨。

六是飲食療法。有專家表示，飲食療法對治療輕度憂鬱症有很好的輔助作用，因為合理的飲食不僅能夠增強患者的身體機能，還能緩解憂鬱症的一些症狀，進而讓輕度憂鬱症患者更有治療的信心。

比如，多吃一些橙色的食物，如橘子、胡蘿蔔、南瓜等，不僅可以為人體提供豐富的胡蘿蔔素，還能減少憂鬱的情緒，讓人變得心情愉悅起來；多吃海鮮，因為海鮮中含有的 $\Omega-3$ 脂肪酸能夠產生抗憂鬱藥的功效，不僅能夠改善精神狀況，還能緩解心理焦慮；多吃含有硒、鋅等元素的食品，如牡蠣、蝦、雞肉、穀類等，對緩解憂鬱都有不錯的效果。

Part7 治療憂鬱：告別心靈感冒，多與陽光接觸

如何將朋友從憂鬱症的泥潭中救出

一年多前，嶽姍被確診為憂鬱症。當她得知自己患有憂鬱症後，簡直變了一個人：對什麼事情都提不起興趣，也無心工作。最終，她辭去了工作，每天一個人待在家中，也不與任何朋友來往，更不會主動走出家門。

與嶽姍關係比較好的閨密小凌得知這件事後非常擔心，她先去專業人士那裡詳細了解如何幫助身邊患有憂鬱症的人。在聽取相關專家的建議後，小凌決定與幾個關係比較好的朋友一同將嶽姍從憂鬱症的泥潭中解救出來。

於是，她們幾個人每天輪番去嶽姍的家中陪伴她。因為小凌得知，患有憂鬱症的人往往不願去打擾其他人，所以患者會感到很孤獨。除了陪伴，她們還會嘗試帶嶽姍參加一些有益身心的活動，讓她漸漸融入交際的圈子中。如果嶽姍表現出不情願，她們幾個就會默默地在一旁陪伴。

當嶽姍想要講出自己正在經受的痛苦時，小凌就安靜地傾聽，並嘗試問一些開放性的問題，比如「你現在能講講你所說的那種感覺是怎樣的嗎？聽你這樣說來，我似乎感受到你正承受著巨大的痛苦和悲傷」等。一段時間下來，嶽姍漸漸願意向小凌她們幾個講出自己的真實感受了。

當小凌發現嶽姍開始主動地訴說她的個人感受後，便準備帶嶽姍去醫院診治，因為她知道僅靠傾訴是遠遠不夠的，還需要藥物治療。於是，她們幾個開始輪流陪著嶽姍去專業的醫院進行診治。經過小凌與幾個好友的努力，嶽姍的憂鬱症漸漸有所緩解，即使沒有她們幾個相陪，她也會主動去找心理醫生，並積極地參加一些活動，讓自己接觸更多的人。

現今，憂鬱的情緒嚴重傷害了人們的心靈，被稱為「心靈的隱形殺手」。如果我們的親朋好友深受憂鬱症的折磨，我們可能會感到擔心，害怕對方出現什麼問題；或是感到茫然、驚慌失措，不知道該如何幫助對方；抑或是感覺如履薄冰，擔心自己的言行會傷害對方。除了上文中提到的陪伴、及時帶對方去專業的機構診治，還有哪些方法能幫助患有憂鬱症的親朋好友呢？如何才能將對方從憂鬱症的泥潭中救出來呢？對此，有心理學家提出以下幾點建議：

一是試著鼓勵對方，並記下他們的小進步。患有憂鬱症的人往往會很在意一些小問題。比如「我這麼做有必要嗎」，「為什麼我一定要出門呢」等，進而出現逃避、負面的情緒。當我們發現這一情況後，不妨嘗試著用鼓勵、表揚等方法來幫助他們改善。比如，記下他們做到的每一個小進步、小成就，哪怕只是走出家門到樓下的超市買東西等。

二是讓對方感受到愛和支持。如果我們不習慣用言語來表達，不妨用行動來支持和幫助身邊患有憂鬱症的人。比如，給對方發一條暖心的簡訊，在其書桌上留一張支持的卡片，為對方做幾道他/她愛吃的菜等，讓他們感到被愛，進而使其有勇氣戰勝憂鬱症，更積極地生活。

三是不要隨意地指導或是批評對方。心理學家表示，對於患憂鬱症的人來說，雖然他們需要他人的指導，但並不是所有的指導都適合他們，如果指導不當，只會讓其感到被羞辱或是感到無所適從，進而加重憂鬱的症狀。所以，如果我們想要幫助對方，不妨試著問：「我如何做會讓你感覺好一些呢」？這樣的提問才會讓對方有向我們尋求幫助的意願。

另外，不要隨意批評患有憂鬱症的人。他們的內心都是比較敏感的，所以盡量不要說「你應該看到好的一面，而不要只看到壞的一面」之類的話，這樣會讓對方誤以為我們在批評他們──「放任自己的情緒，選擇絕望」。如果我們這樣做，只會將他們推向深淵。

Part7　治療憂鬱：告別心靈感冒，多與陽光接觸

　　四是多了解憂鬱相關方面的知識。如果我們想要真正地幫助身邊患有憂鬱症的人，就需要多了解憂鬱相關方面的知識，例如憂鬱的症狀、週期、後果等，才能讓我們給予對方更有效的關心和支持。

　　比如，有些人認為憂鬱症患者在某天表現得很開心，就代表他們已經痊癒了。其實不然，有專家表示，憂鬱症的症狀就像是漲潮、退潮那樣不穩定，很多人由於不了解這方面的知識，而陷入失誤中。所以，有些時候即使是患有憂鬱症的人，仍然可能會跟他人開玩笑。

　　另外，憂鬱症的症狀有時候不能一眼看出來，它有可能會在其他地方表現出來，所以如果想要將身邊患有憂鬱症的人從憂鬱症的泥潭中解救出來，就需要清楚地了解憂鬱症病狀的複雜性和不可預測性。

　　五是要有足夠的耐心。有心理學家表示，耐心是對我們關心的人最有力的支持。當我們耐心地對待身邊患有憂鬱症的人時，會釋放出這樣一種訊號：不管他們需要接受什麼樣的治療，不管他們要經歷何種困難，我們都會陪在他們的身邊。這會讓被關心的人深刻地感受到來自我們的支持，特別是對於憂鬱症患者而言，這種耐心往往是他們最需要的。

Part8

矯正孤獨：敞開心靈，不做「獨行俠」

> 想要擺脫孤獨，不妨從兩個方面做起：一是學會積極主動地接近他人；二是透過改變自我來讓其他人接近自己。這樣做不僅能夠讓我們變得更熱情、更主動，繼而擺脫孤獨，還有可能使我們獲得更多的朋友。

Part8 矯正孤獨：敞開心靈，不做「獨行俠」

為何我們會如此孤獨

　　楊帆是一家大公司的員工，由於公司內部競爭比較激烈，這讓楊帆感到如果想要在這家公司長久地做下去，就要不斷地給自己「充電」。所以在工作之餘，他常常一個人去圖書館或是其他地方學習。不僅如此，他還報了相關的補習班，以讓自己學得更專精一些。

　　所以，他平日裡總是一個人獨來獨往。每天下班，當其他同事都三五成群地結伴回去時，他卻形單影隻地坐公車或捷運去學習或是回家。就連週末，他也是如此。其實，楊帆內心並不想讓自己這樣，他也想與其他人打成一片，結果卻事與願違。

　　當公司舉辦年會等團體活動時，很多同事都會積極踴躍地參加各種遊戲，而楊帆卻獨自坐在位子上默默地看著。當有同事邀請他唱歌或是跳舞時，他卻衝著對方擺擺手。他總是感到自己與喧鬧的人群是毫無關係的，他們的那份歡樂是不屬於自己的，而自己孤獨的痛苦也不屬於任何人。所以，他總是覺得自己與其他人格格不入。每當深夜到來時，他都感到相當孤獨，那份孤獨讓他有窒息的感覺。

　　其實有時候，楊帆也想要掙脫這份孤獨，所以，在閒暇時他便會與幾個朋友相約到一些娛樂場所或是酒吧喝酒、聊天。本以為這樣的生活會把孤獨擋在門外，可是，當他晚上回到家將門關上的一剎那才發現，孤獨依然如影隨形。所以，不管他白天如何與他人嬉笑打鬧，當自己一個人獨處時，孤獨就立刻襲來，似乎已經深入骨髓。

　　在日常生活中，很多人都有像上文中楊帆那樣的感受：害怕孤獨，但又總是被其纏上，想盡各種方法也無法將它驅走。如今，孤獨已經成為一種城市病，讓越來越多的人備受煎熬。

　　什麼是孤獨呢？在文字的解釋中，「孤」有王者之意，而「獨」則表

明獨一無二，所以它的字面意思是獨一無二的王者，總是以孤獨的形象而存在的，不需要他人的認同，也不需要任何人的憐憫和同情。孤獨並不是心情壓抑才出現的空虛、寂寞。孤獨是一種狀態、一種感受。

從心理學角度來看，人類屬於群居的動物，當對某個群體產生很強烈的感情後，就會有非常強的依賴性。當個人被其他人排除在外時，他就會因為心理上的依賴感得不到滿足，繼而表現出孤獨。其實，當一個人獨處時就會表現出孤單的狀態，這是人內心深處的真實感受。

那麼，為何我們會感到孤獨呢？產生孤獨的原因有哪些呢？對此，有心理學家分析出以下幾點：

一是都市化的生活。在遠古時代，人類都是群居在洞穴中一起生活的，一起外出狩獵、合作耕種。可是，隨著社會的發展和進步，人類漸漸從洞穴搬到了鄉村中，而後又從鄉村中進入城市。這本來是社會進步的象徵，但一座座混凝土大廈的興建，卻構成了人們互相交往的屏障，進而讓人們變得多疑、孤僻，不知該如何與其他人相處，擔心陌生人會傷害自己，戒備心也逐漸增強。於是，有些人開始有意識地躲避群體或是其他人，獨自生活在屬於自己的小世界中。

二是快節奏的生活和工作。現今，社會競爭越來越激烈，為了能讓自己變得強大，人們對自己的要求也愈來愈高，為了能夠在工作上做出一番成績，獲得主管的認可，會不斷地透過學習來充實自己。由於忙碌的生活和工作，導致人們越來越沒有時間與其他人溝通、交流，人際關係也變得相對貧乏。比如上文中的楊帆。

三是個人的心理原因。由於有些人比較自卑，總認為自己事事不如意，所以不願與其他人交往。不過，也有人比較自大，總認為自己比他人強，看不起其他人，認為與他人交往是降低自己的身分。

四是個人所處的地位。當我們處於某種特殊的地位時，圍在身邊的

Part8　矯正孤獨：敞開心靈，不做「獨行俠」

人就會因為某些原因而遠離我們或是不對我們說真話。比如，如果我們是某公司的高層，下屬往往會因為我們的權威而與我們保持一定的距離，進而不敢說出內心的真心想法；有的下屬則是為了故意討好、巴結我們，說一些言不由衷的話，讓我們感到高處不勝寒的孤獨。

　　五是情感遭受挫折或是傷害。當我們的情感遭遇挫折或是受到傷害後，我們往往會產生「一朝被蛇咬，十年怕井繩」的心理，繼而會像蝸牛一樣躲在殼中，不敢伸出與他人交往的觸角。所以，有些人會為了避免受到同樣的痛苦或傷害，而不再與其他人建立友誼或感情。

　　這些原因都會導致孤獨常常圍繞在我們的身邊，使得我們無法將其擺脫。其實，孤獨並不是那麼難以消除的，關鍵是看我們如何去做。有專家表示，想要擺脫孤獨不妨從兩個方面做起：一是學會積極主動地接近他人；二是透過改變自我來讓其他人接近自己。這樣做不僅能夠讓我們變得更熱情、更主動，繼而擺脫孤獨，還有可能令我們獲得更多的朋友。正如日本心理學家箱崎總一所說：「對別人親切正是免除自己本身孤獨的第一步」。因此，想要擺脫孤獨，最為關鍵的是先從自己做起。

孤獨≠孤僻

徐華是某學校的一名中學生，雖然他的性格比較內向、敏感，但平日裡偶爾還是會與同學們聊聊天、說說話。由於他比較喜歡歷史，自詡是個「歷史通」，所以與幾個同學建立了一個討論歷史的興趣小組。可後來，徐華卻變得越來越不合群，不喜歡主動與他人溝通，連自己最感興趣的歷史也不願聊了。

原來，在建立歷史興趣小組時，為了增加小組的成員人數，幾位同學與徐華一起主動地去外班尋找對歷史感興趣的同學。漸漸地，他們的小組成員越來越多。在一次討論中，當徐華說起某個歷史知識時，有同學反駁他說的不對，並找到了相關出處，證明他所說的是錯誤的。這讓徐華感到窘迫，不知該如何是好。此時，很多同學都發出一陣陣「噓」聲，並對徐華伸出倒著的大拇指，這讓徐華更加不知所措。

幾個與徐華關係不錯的同學見此狀，急忙出來打圓場道：「人非聖賢，孰能無過。徐華對歷史再感興趣，也有不足的地方，大家不要過於指責他嘛。」其他同學聽了，也不再說什麼，繼續剛才的討論。可徐華的內心卻感到很受挫，認為同學們是在恥笑自己，看不起自己，所以，他參加興趣小組的次數越來越少。後來，他完全不參加了。

不僅如此，徐華還變得越來越沉默寡言，不願再與其他同學交流、溝通，即使有同學主動找他聊聊歷史方面的話題，他也三緘其口。慢慢地，徐華似乎將自己完全封閉起來。因此，很多同學都對徐華議論紛紛：有的人認為他是不是因為不與其他同學接觸而太過孤獨了，但也有人認為是他過於孤僻了。

其實，孤獨不等於孤僻，徐華的種種表現是由於交往中受挫而導致他變得異常孤僻。孤獨與孤僻是兩碼事。孤獨是一種狀態，當事人往往

Part8　矯正孤獨：敞開心靈，不做「獨行俠」

希望與他人交往，也不會對他人存戒備之心，與人交往時也不會太做作；而孤僻的人則總是表現出一副瞧不起他人的樣子，雖然自恃清高，但內心卻很虛弱、敏感，害怕被人傷害，所以不願與他人交往，當不得不與人交往時就會有些做作。

所謂的孤僻是指人的性情比較古怪，不合群，不能與其他人保持正常的關係，經常處於一種離群索居的狀態。它屬於一種性格特徵，但性格孤僻的人並不一定患有自閉症。據一項調查顯示，在中學生群體中，孤僻的人約占有5%～8%。

一般來說，孤僻的表現有以下幾種情況：與人交往，受到他人的嘲笑、指責時，會認為他人瞧不起自己，進而變得鬱鬱寡歡或是異常惱怒；當自己不被他人理睬而不得不獨處時，常常會產生自尊心受挫和失落感，會變得更加孤僻，不願與人交往；遇到各種困難和挫折時，會因為內心的自卑和虛弱而心灰意冷，而將自己封閉起來，拒人於千里之外。

那麼，孤僻是如何產生的呢？有專家歸結出兩個原因：

一是童年創傷引起的。有心理學家透過研究發現，父母離婚是導致孩子精神健康出問題的因素之一；同齡人的欺負、嘲諷等霸凌行為會讓孩子產生煩惱、焦慮等不良體驗，進而誘發心理疾病；父母的教育方式過於粗暴、嚴厲，會讓孩子變得自卑、冷漠、敏感，不願相信任何人，導致性格變得異常孤僻。

二是人際交往受挫。由於缺乏一定的社交技能和方法，有些人會在人際交往中遭受打擊，比如嘲笑、奚落、訓斥等，就會導致他們的自主性受到傷害，進而將自己與人群隔離開來。可是，越是不與其他人接觸，社交能力就越得不到鍛鍊，因而變得越來越孤僻。比如上文中的徐華。

如果長期受到孤僻這種性格特徵的影響，會對人的身心健康造成很

大的損害，不僅容易變得消沉、頹廢，還會導致身體出狀況。那麼，如何改變自己孤僻的性格呢？對此，有專家提出以下幾點建議：

一是培養自信。心理學家表示，只有自信才能讓人更準確地認知和掌握自己。如何培養自信呢？學會肯定自己：每天找出自己做成功的三件事，比如，將上級交給我們的事情做好、將老師布置的作業認真地完成、為家人做幾道好吃的菜等。只要把身邊的事情做好，就是對自己能力的肯定，進而可以提高自信；列出自己的優點和長處：拿出一張紙，左邊列出自己的優點和長處，右邊寫出自己的缺點和不足，盡情地去羅列，寫完之後我們會發現原來自己的長處竟然這麼多，而且比缺點的數量要多很多。

二是學習和鍛鍊自己的人際交往技能。心理學家建議，平日裡可以多看一些培養人際交往能力的書籍，以此學習更多的技巧。同時，多參加一些有益身心的活動，培養自己的開朗性格。另外，勇敢地與他人交往，並虛心聽取別人的意見，才能收穫更多的知識、經驗。

三是學會表達自己的想法和理解他人。溝通交流在人際交往中是非常重要的。透過表達才能讓大家更了解自己，透過溝通才能讓我們更容易理解他人。

Part8　矯正孤獨：敞開心靈，不做「獨行俠」

走出囚禁自我的「孤島」

　　鄒亮是一所名牌大學的學生，畢業後他進入一家中小型的公司，公司待遇不錯。可是，進入這家公司後，鄒亮總感覺自己的才能無法施展。因為他在大學學的是日語，日語說得相當流利，與人交流更是沒問題，可是就職的公司根本不需要使用日語。久而久之，鄒亮感到沮喪，工作也提不起興致。

　　有一次，當同事們談論日本的發展時，鄒亮不時秀幾句日語。有同事打趣道：「哎喲喂，高材生就是不一樣啊，你瞧瞧，這日語說得真是溜啊！」也有同事不滿道：「我們都是中國人，說什麼日語啊，我們又聽不懂。不要那麼突顯你自己了，我們都知道你很有才，而且是名校畢業的。」

　　這讓鄒亮覺得自己好像與這個環境格格不入，無法與其他同事溝通，也覺得別人都不理解自己，因此，他感到非常孤獨。後來，由於工作做得不順心，更讓鄒亮覺得自己的人生似乎失去了方向，不知道該何去何從。他感到相當沮喪、失落，認為自己大學四年學的知識都白費了，在工作中也發揮不了任何作用。

　　當他將自己的境況說給好友聽時，好友開解道：「因為你沒有正確地認知自己，而是將自己囚禁在自我的『孤島』中，所以才會覺得很孤獨。其實，你應該認真地審視自己，看看自己的定位是否準確、看清自己的優點和缺點、所從事的工作是否適合你自己，這樣你就不會感到如此孤獨。」

　　聽了好友的建議後，鄒亮開始進行自我剖析，他發現自己的長處有很多，比如比較精通日語、有耐心等。同時，他也發現目前這份工作確實不適合自己，於是，他毅然決然地辭了職，與幾個日語不錯的同學開了日語補習班。一段時間後，他們所創辦的補習班越做越好，鄒亮也變得越來越自信。

有心理學家表示，當我們感到自己與其他人完全隔離開，並且不被他人理解，無法發揮自己的作用時，往往是因為我們沒有正確地認知自己的價值，所以才會感到自己與周圍的環境、人群格格不入。上文的鄒亮畢業於名牌大學，對日語很精通，但因為看不到自己的優點和長處而倍感沮喪、孤獨。在對自己認真分析後，他發現自己身上有很多優點，繼而重新定位自己，最終取得了不錯的成就，也擺脫了孤獨。

有這樣一則寓言故事：有一隻小老鼠感到相當孤獨，因為它總是覺得自己很沒用，而且也不討其他老鼠的喜歡，自己又什麼都不會做，好像沒有任何優點。所以它每天都是渾渾噩噩地待在老鼠洞中。

有一天，當這隻小老鼠百無聊賴地從洞中探出腦袋時，看到太陽發出耀眼的光芒，它心生羨慕地對太陽說：「你真是太厲害了，發出的光芒竟然將大地照得那麼明亮。」太陽回答道：「其實我並沒有你想像中的那麼厲害，一會兒烏雲飄過來會把我遮住，你就看不到我了。」

果然，當烏雲飄過來時，太陽的光芒立刻被全部遮擋住了。此時，小老鼠不禁感慨道：「烏雲，你真是太厲害了，連耀眼的太陽都被你遮住了。」烏雲微笑著回答道：「我哪有什麼本事啊？一會兒大風來了，就會將我吹散的。」還沒等烏雲說完，一陣大風吹了過來，一下子就將烏雲吹散了。

此時，小老鼠又羨慕不已道：「大風，你真的很厲害，只要輕輕一吹，就能將烏雲全都吹散開。」大風回答道：「我哪有這麼厲害啊，只要遇到牆我就會被擋住的。」

於是，小老鼠又對牆說：「還是你的本事大，竟然能夠阻擋風的去路。」但牆卻回答說：「我哪有什麼本事啊？還是你們老鼠厲害，即使我的身體再厚重，你們僅僅用幾分鐘就能將我的身體打出一個洞。」牆還沒有說完，一隻老鼠就從牆角處鑽了出來。見此狀，小老鼠猛然一震：

Part8　矯正孤獨：敞開心靈，不做「獨行俠」

原來自己並不是一無是處，自己還是有長處的。

的確如此，很多人都會像這隻小老鼠那樣感到很孤獨、無助，總是感覺自己被隔離、不被他人理解。其實，這是因為我們沒有正確地認知自己，沒有發現自己的價值。那麼，如何才能正確地認知自己呢？怎樣才能走出自我囚禁的「孤島」呢？對此，有心理學家給我們提出以下幾點建議：

一是學會正確而客觀地評價自己。心理學家建議，想要對自己有客觀的評價，不妨試著從個人的性格、興趣愛好、優劣勢等多方面進行客觀總結。當自己進行客觀的分析和定位後，不管在什麼情況下我們都能掌握好自己的優缺點，就不會高估或是低估自己。同時，在客觀認知自己之後，可以試著培養自己各方面的能力，好的方面繼續發揚下去，不好的方面則及時改正。另外，還可以透過他人對自己的評價和態度來認知自己。蘇軾曾說：「不識廬山真面目，只緣身在此山中。」有時候我們全面認知自己往往比較難，即當局者迷，旁觀者清，所以，不妨透過周圍的人對我們的態度和評價來幫助我們認知自己。我們既要學會尊重他人對我們的態度和評價，進行冷靜的分析，也要知道不盲從他人的看法，才能更全面地認知自己。

二是辨識自己的真實想法。有時候我們往往會有一些突如其來的想法，總是想要做這個或是想要做那個，這往往並不是我們真實的願望，只是一時心血來潮。如果我們不能分清這些想法，很容易做出與自己意願相反的事情。每當自己的大腦中突然冒出一個念頭時要特別注意，千萬不要讓一時的興致所至矇蔽了我們的真實想法。

三是懂得善待自己，不要與自己過不去。所謂的善待自己就是客觀分析自己的優缺點，不拿自己的缺點與他人的長處比，做到揚長避短，進而調節好自己的心境，愉快地生活和工作，樂觀地面對我們所遇到的一切困難和挫折。

學會坦然接受孤獨

　　林靜是一個喜歡熱鬧的女孩子，有熱鬧的地方總少不了她。可是大學畢業後沒兩年，由於男友選擇了回老家發展，而林靜卻不願跟隨對方回老家，最終以分手結束了這段戀情。雖然分手是林靜提出來的，但她內心卻相當難受，在男友離開後，她感覺天似乎要塌下來了，整個人也變得異常孤獨、無助。

　　因為在大學畢業後沒多久，林靜就與男朋友住在了一起，如今，她回到家後就要獨自一人面對清冷的房間，這讓她感到難以承受的孤獨。所以在下班後，她總是找各種理由晚回家，時常組織朋友、同事聚會喝酒，喝得酩酊大醉後回家倒頭就睡。但越是這樣，她的寂寞和孤獨感越強。每當聚會結束回到家後，她就感到被孤獨吞噬了內心。

　　而且由於經常買醉，林靜常常到凌晨一、兩點都難以入睡，所以她不是上班遲到就是工作上出問題。這讓主管對她很不滿，曾多次警告她，如果再影響工作只能走人。

　　此時，林靜才意識到自己不能再這樣下去了。既然分手是自己提出的，自己就要接受這個事實，而且要想辦法解決這個問題，而不是一味地沉浸在孤獨的痛苦中難以自拔。那天，她反思了很久，決定要學會坦然地接受孤獨，而不是被孤獨侵蝕內心。所以，她決定做出改變，來重建自己的生活方式。

　　於是，她給自己制定了詳細的改造計畫。首先，透過學習來充實自己。她在工作之餘報了一個韓語學習班，只要有空閒時間，她就會認真地學。一段時間過後，她發現自己不再害怕一個人窩在家中，反而感到一個人在家學習時無人打擾，是一件很愜意的事情。其次，她開始學做飯、煲湯，以對得起自己的胃，讓自己吃得更健康。不僅如此，她還在家中增添了一些綠植，當學習累的時候，就修剪一下綠植或是為其澆水、施肥。

Part8 矯正孤獨：敞開心靈，不做「獨行俠」

　　漸漸地，林靜發現自己的生活越來越充實，當孤獨襲來時，她不再感到懼怕，而是坦然地接受，並享受這份孤獨，進而發現了以往不曾發現的生活的美好。

　　法國哲學家布萊茲・帕斯卡曾說：「人類的苦難源自無法在一個安靜的屋子裡獨處」。的確，在現實生活中，很多人都相當害怕孤獨，害怕沒有朋友相陪，害怕獨自一人生活，擔心自己困頓時無人相助。所以，為了避免單獨一人，很多人就會透過各種方法來填補孤獨的空間，比如，與一群不喜歡的人聚在一起、透過瘋狂購物來安慰自己。但越是這樣越感到空虛、孤獨。

　　對此，有心理學家表示，雖然一個人的生活往往是孤獨、乏味的，會讓我們感到無聊、痛苦，但是我們只要學會坦然接受孤獨，享受獨處的寧靜，並試著改變一下自己的心態，就會發現世界並不需要那麼喧囂和嘈雜，進而發現生活美好的一面。上文的林靜正是調整自己的心態後坦然地面對孤獨，並積極地行動起來，才讓自己的生活過得異常充實。在此過程中，她的抗壓性也得以增強，進而開啟了嶄新的生活。

　　那麼，如何才能坦然地接受孤獨呢？怎樣才能走出「畫地為牢」的孤獨之圈呢？對此，有心理學家提出以下幾點建議：

　　一是為自己確立目標。在現今社會，由於競爭日益激烈，很多人承受的壓力越來越大，內心中會產生一種恐懼和孤獨感。孤獨讓人喪失了進取的銳氣，少了很多生活樂趣，而這些後果又再次強化了孤獨感，導致一種惡性循環。對此，心理學家建議，不妨為自己確立一個目標，有了明確的目標，我們就會為之努力、奮鬥，就不再會被孤獨侵擾。

　　二是學會敞開心扉與人交談。在日常生活中，我們常常會有這樣的經歷：當一群人聚在一起說說笑笑時，身處其中卻會感到莫名的孤獨，

總感覺自己與周圍的環境格格不入，如同自己身處於一個語言不通的國家，無法與身邊的人進行溝通、倍感焦慮，更無法融入那種熱鬧的氣氛中。此時，我們會感覺即使自己身邊熱鬧異常，但我們的內心也會感到孤獨、空虛。對此，心理學家建議，不妨嘗試敞開心扉與他人溝通，當我們向他人開放自己的內心時，其他人也會如此，讓彼此進入對方的內心世界，我們就會發現自己並不是那麼孤獨，也會認識更多交心的朋友。

　　三是找到屬於自己的生活方式。心理學家認為，孤獨本身並不是一件壞事，我們之所以會覺得孤獨比較難以承受，是因為我們沒有找到屬於自己的生活方式。當我們身處孤獨之中時，不要為此感到害怕，而是嘗試著找一些能讓自己全身心投入的事情或是試著調整自己的生活方式，以讓自己的生活過得更充實。比如，上文的林靜在孤獨中開始思考並作出改變，最終找到了自己的生活方式──用學習新語言、做烹飪等方法來充實自己的生活。

Part8　矯正孤獨：敞開心靈，不做「獨行俠」

孤獨是一種境界

　　在法國，有這樣一個青年，在他很小的時候，就缺少家庭溫暖，所以他只好將所有的感情寄託於書籍、文字上，他唯一的朋友就是書。在大學畢業後，他聽從父親的安排在一家律師事務所上班。這本來是一份非常有前途的工作，可在當時的社會環境下，法律卻無法發揮出應有的作用。在工作中，他目睹了很多黑暗、虛偽的事情，所以他毅然決然地辭去工作，重新找回他失去的朋友──「文字」，找到屬於自己的生活。

　　可是，這條路並非他想像中那麼順暢。剛開始，他所寫的文稿被不斷地退回來，這讓他內心很受挫。而在此時，父親也拒絕為他提供生活費，所以導致他負債累累，經常三餐不繼，有時候只能吃一點乾麵包來充飢。

　　即使過得如此清貧、孤苦無依，但他依然很樂觀，享受這份孤獨。當他沒有什麼東西可吃時，便在桌子上畫出很多盤子，並在上面標著「乳酪」、「香腸」、「鵝肝醬」等，然後想像自己正在品嚐著豐富而美味的「饕餮盛宴」。在這種艱苦的條件下，他卻花幾百法郎買了一支精緻的手杖，並在上面刻了一行字激勵自己：「我將粉碎一切障礙！」

　　正是這句話一直激勵著他克服重重困難，他不斷地學習各種知識，比如歷史、哲學等，來為自己的寫作提供豐富的知識底蘊。後來，他的長篇小說《舒昂黨人》出版後，一下子引起了轟動，很多人都爭相購買這本書。接著，他陸續出了很多名作，比如《歐也妮・葛朗臺》、《高老頭》等小說，每一部都給大家帶來驚喜和震撼。

　　看到這裡，大家應該能猜出他是誰，是的，他就是巴爾札克，法國著名的文學家。文學大師雨果曾評價巴爾札克：「在最偉大的人物中間，巴爾札克是名列前茅者；在最優秀的人物中間，巴爾札克是佼佼者！」

而他的經歷告訴我們：每個人都會面對孤獨，當我們獨自前行時，所有的苦難都要自己承受和體會。

此時的孤獨猶如上下開口的玻璃瓶，一頭通向天堂，一頭朝著地獄。當我們身處這個孤獨的玻璃瓶中時，如果忍受不了孤獨，經不住考驗，就會墜入通往地獄的瓶口中，而使自己陷入無休止的痛苦；如果我們戰勝了孤獨，冷靜地分析自己和周圍的環境，就能克服重重障礙，找到通向天堂的道路，就可以達到更高的境界。

孤獨是一種境界，它主要分為四種形式：第一種境界是獨而孤之。由於獨自一個人待在某個地方而感到很孤獨、無聊。這種境界是很容易消除的，比如，找個玩伴一起聊天、逛街，就會消除這種孤獨。

第二種境界是獨而不孤。雖然獨自一個人看起來很孤單，但其內心卻不感到孤獨。這類人往往比較樂觀，即使有時候會感到有些孤單，但往往非常短暫，在大多數時間裡，他們都感到生活很有意義、很有趣。比如，上文中的巴爾札克，即使在寫作的過程中很孤獨，但內心卻很充實，為了自己的目標而不斷奮鬥、努力，每天都過得很有意義。

第三種境界是孤而不獨。這往往是指內心比較孤獨，即使被一群人簇擁著，這類人仍然感到很孤單。比如，在一個聚會中，一群人在熱鬧地聊著，但有一個人卻低著頭不說話，喝著悶酒。在這類人眼中，他人的快樂與自己無關，總認為自己與周圍的環境無法融合在一起。

第四種境界是既孤又獨。這種境界是指不僅獨自一人、無人陪伴，而且內心感到很孤單，猶如青燈下的苦行僧或是隱居山林的隱士。在這種境界中，他們往往需要一種意念支撐才可以度過。

雕塑家羅丹曾說：「藝術是孤獨的產物，因為孤獨比快樂更豐富人的情感」。的確，中外成功的名人總會孤獨地經歷人生的曲折，進而創造出豐碩的成果：屈原在孤獨中寫出了一首首絢爛的詩作；曹雪芹過著「舉

Part8 矯正孤獨：敞開心靈，不做「獨行俠」

家食粥」的孤獨、貧苦生活，卻抱著書稿幾番增刪而創作出《紅樓夢》；梵谷在貧困和孤獨中畫出了不朽的名作〈向日葵〉和〈星夜〉；貝多芬在孤獨中吞噬著不幸，譜寫出穿透人心的樂曲。

其實，當我們感到孤獨時，其實是在為自己尋找一方淨土，以讓自己能夠自由地呼吸，盡情地舒展。它可以讓我們的內心趨於簡單、純粹，不斷地完善自己，讓自己逐漸走向成功。所以，不要想方設法去逃避孤獨，而是要學會面對孤獨，享受孤獨。那麼，我們該如何做呢？對此，有心理學家提出以下幾點建議：

一是給自己一個孤獨的空間和時間。在這種狀態下，對自己的言行舉止、學習和工作等情況進行自我反思，分析自己的優劣、自我控制等狀況，改進不足的地方，讓自己朝向更好的方向努力、前進，併發揮優勢來實現目標。

另外，要給自己留出一些空間和時間時，不妨試著看看自己喜歡的書或是愛聽的音樂，抑或是什麼都不做，靜靜地發呆，任憑思緒自由馳騁。

二是不要過分壓抑自己的個性。心理學家表示，不過分壓抑自己的個性，才能讓自己在某個方面嶄露頭角，才能表現出自己的爆發力和衝擊力。

三是學會與自己「對話」。這種對話往往是在內心深處的爭鬥，是正與邪的抗爭，即自己獨處時的思想鬥爭。我們透過「對話」才能分辨是非，才能更好地督促自己進步。

Part9
遠離抱怨：走進不抱怨的智慧世界

> 《聖經》上有這樣一句話：「一生一世，都是恩惠」。所以我們應該感恩我們所擁有的一切，才不會對目前的生活和工作現狀有所抱怨，才會發現自己的價值和優勢，才會讓我們周圍充滿溫馨、快樂、動力，才會更積極、更樂觀地面對各種困難和災難。

Part9　遠離抱怨：走進不抱怨的智慧世界

抱怨如同一種傳染病

　　最近，郭潔總感覺生活過得很無趣，除了工作就是工作，即使到了週末還要加班，這讓她漸漸對工作心生厭煩之意，每天去上班都覺得提不起精神。不僅如此，她感覺朋友似乎都在疏遠她，不打電話找她，出去旅行也從來都不跟她說一下。所以，她感覺自己的生活和工作一團糟，自己就是一個失敗者。

　　於是，她在網路上抒發了自己的心情。關係不錯的好友看到後打電話詢問其情況，郭潔接起電話立刻向其抱怨：「這份工作做得太辛苦了，不僅發展一般，而且薪酬也不高，到了週末還要加班，一點休息的時間也沒有」。朋友聽後，起初還是安慰，後來也向郭潔抱怨說：「我的工作境況也是很糟糕，我們公司新來的長官就是個慣老闆，除了在工作時間內『壓榨』我們，到了下班時間也是如此，而且還沒有加班費，大家都非常討厭他」。

　　最後，兩個人在電話中互相抱怨，而且朋友表現得比郭潔更加悲觀消極。郭潔本以為向朋友抱怨，心情會好一些，可是掛了電話後，她的內心卻比之前更加煩躁不安。於是，她又在網路上尋找其他朋友大吐苦水。

　　後來，每個與郭潔聊過天的朋友都會表現得比她更加煩躁、消極，都在那裡抱怨個不停。結果，郭潔發現與朋友交流後，自己心中的鬱悶和不滿並沒有得到宣洩，而是愈來愈負面。

　　為何會出現這種情況呢？有心理學家表示，抱怨如同一種傳染病。當我們遇到問題，心中感到不滿或煩躁不安，想向身邊的人傾訴，希望從他們那裡得到一些安慰時，彼此的消極抱怨只會加重我們的悲觀情緒，進而讓我們在不知不覺中被這種負面、消極的情緒所籠罩。

抱怨如同一種傳染病

所謂的抱怨，是指人的內心感到不滿，繼而指責他人。在相當程度上，抱怨是一種對現實的偏見，一種內心私欲驅動情緒的表現。有時候抱怨也表示妄自尊大，認為他人的行事風格和決斷沒有自己高明，因此，便會對別人「指點江山」、「大放厥詞」。在日常生活和工作中，抱怨是很容易產生的：當我們對某人感到不滿時，就會對其他人抱怨連連、說三道四；當我們對上級的決定心存不滿時，就會在一定的場合中發洩出來。

抱怨的產生往往是不由自主的，它可能會因為某件事或是某個人而引爆，進而將內心積壓已久的不滿在特定的場合講給其他人聽。其危害是具有傳染性的，使原本和諧的環境和氛圍受到「汙染」，進而對其他人產生影響。

有研究發現，人們的情緒會很容易受到外在因素的影響。比如，我們往往容易受到外界資訊的暗示，如果我們接收的資訊是積極的，對我們而言固然是一件好事；如果我們接收的資訊是消極的，則會讓我們的情緒變得低落或是焦慮不安。如果我們一直沉溺於負面情緒的泥潭中，只會讓我們變得越來越沮喪，最終一事無成。這種抱怨的情緒猶如患上重感冒，如果我們不想傳染他人，就要懂得與他人保持距離，不與他人分享自己的焦躁不安與負面的想法。

有外國的科學家與心理學家對一些長時間處於抱怨中的人的大腦活動進行分析發現，大腦的工作方式如同肌肉，如果我們讓其聽到太多負面的資訊，很可能會導致它們按照消極的方式來運作。更為嚴重的是，如果長時間處於抱怨的環境中，人會變得更加愚蠢和麻木。

之所以出現這樣的現象，是因為情緒具有一定的感染性。當我們聽到各種抱怨與牢騷後，大腦就很容易產生共鳴，進而產生一些不良的情緒，最終影響大腦的思維。因此，與人溝通、交流時，我們要看清自

Part9　遠離抱怨：走進不抱怨的智慧世界

己，避免成為他人言論的犧牲品。

那麼，如何才能讓我們遠離抱怨，免受「傳染」之苦呢？對此，有心理學家為我們提出以下幾點建議：

一是多與樂觀、開朗的人交往。由於情緒是可以傳染的，所以當我們與牢騷滿腹的人在一起，我們就會變得更加消極、悲觀；如果我們常與樂觀、開朗的人相處時，就會變得更快樂。因此，如果我們想要遠離抱怨，就試著多與樂觀、快樂的人相處，避免我們的大腦受到抱怨的侵襲。

二是試著引導抱怨者。有時候一味地迴避往往解決不了問題，比如，當關係比較親近的人向我們抱怨時，我們選擇迴避，只會影響彼此的感情，甚至傷害到對方。此時，我們不妨試著引導對方，啟發他們自己來解決問題。比如，我們可以說「你認為怎麼才能妥善地解決這個問題呢？」之類的話，以讓他們冷靜下來，分析問題的所在，進一步找到解決問題的方法。

三是給自己的心理築起一道「防火牆」。雖然多與樂觀的人交往、引導抱怨者這兩種方法能夠避免自己受到抱怨情緒的影響，但有時候會讓我們比較被動。如果以上這些方法無法解決問題時，不妨試著給自己的心理築起一道「防火牆」，運用一些心理技巧來阻斷那些抱怨的言語進入大腦中，以避免自己的情緒受到汙染。比如，運動員在客場比賽時往往會遇到主場觀眾施壓的情況，此時，他們就用在自己心理上築起一道「防火牆」的辦法避免受影響，對負面的消息視而不見、聽而不聞。

抱怨只是逃避的一種藉口

最近，張迪所在的公司因為投資失敗而面臨巨大的困境，所以，公司各種福利待遇也變得大不如前，這讓習慣享受豐厚待遇的員工不禁心生不滿，工作也沒有之前那麼認真負責，同時也面臨去與留的選擇。

身居於主管位置的張迪也與很多員工一樣，內心很徬徨，雖然他在這家公司已經工作三、四年了，但如今公司的福利待遇驟減，也讓他難以接受，而在此時，有不少公司已經向他伸出了橄欖枝。所以，張迪的工作效率越來越低，他部門的業績也越來越差。很多員工做事都是丟三落四、推三阻四，而且常常聽到「工作的事情這麼多，忘掉一點是正常的嘛」，「公司這麼多人，為何只把這項工作交給我呢，太不公平了」之類的抱怨。

過沒多久，張迪部門的幾個年輕人就辭職離開了公司，這讓張迪也開始動搖。最近，由於張迪部門的工作效率和業績比較差，上級在會議上指責了張迪，這讓他更加不滿，心想公司都已經到這個地步了，還不體恤下屬的辛苦，竟然還一味地責怪和謾罵。

下班後，他向幾個朋友抱怨了一番。朋友都勸他，現在公司面臨困境，還是堅持與公司一起渡過難關，之後公司效益好了，自然會分一杯羹給你。可是張迪卻聽不進去，認為再做下去已經沒有意義，而且他看不到任何希望。所以在第二天，他向公司遞交了辭職信。

可是一年過後，張迪原來的公司竟然起死回生，而且變得越來越好。張迪聽之前的同事說，如今公司的待遇比以前更好了，而且還給那些與公司同甘共苦的員工分了股。聽說了這些消息，張迪後悔不已。

居禮夫人曾說：「失敗者總是找藉口，成功者永遠找方法。」這裡所說的藉口，無疑是抱怨的另一種表達方式。如果我們只是抱怨公司的待

Part9　遠離抱怨：走進不抱怨的智慧世界

遇，尚且還能被體諒，只要自己工作腳踏實地、認真負責，待遇必然會有所提升。可是如果一味抱怨並逃避，則是一種背叛。如果像上文的張迪以及他所在公司那些紛紛離職的員工那樣只能有福同享，而不能有難同當，再想獲得他人的信任和機會的眷顧自然是一種奢望。

在日常生活和工作中，各種藉口和抱怨總是充斥在我們周圍——「今天的交通怎麼這麼堵，遲到就是因為這爛交通」，「這個客戶真是太難伺候，所以談了這麼久依然沒有談下來」……聽起來似乎有些道理，但這些抱怨和藉口的背後卻隱藏著他們不從自己身上找原因和對現實的妥協。長此以往，只會對自己的身心和周圍的人造成負面的影響。

正如比爾蓋茲所說，總是為失敗找藉口的人，不管如何掩飾，都是一個懦夫。的確如此，哪個成功者沒有經歷過失敗呢？關鍵是在失敗之後找出原因，勇敢地面對，從頭再來。如果失敗後只是一味地抱怨、逃避，那麼，成功注定與我們無緣。因此，面對困境和挫折，我們無須抱怨，而是要懂得必須經歷寒冬的洗禮，才能迎來春暖花開。

多年前，「英國香腸大王」艾伯特‧霍布戴爾曾在一所小學負責擦黑板、整理桌椅等工作，每週會有 5 英鎊的薪水。雖然工作很平凡，艾伯特卻感到很充實。但沒過多久，由於新校長上任後，建立了新的考勤制度，要求學校的每個員工都要在考勤簿上簽名，可是艾伯特目不識丁，不會寫自己的名字，所以他只好回家了。

失業後的艾伯特四處求職，但大字不識的他在求職過程中多次碰壁。對此，他並沒有自怨自艾，而是在想自己也許應該找一份不需要識字的工作。此時，住在他隔壁的一位賣香腸的老太太去世了，由於家人的工作比較忙，所以想要轉讓香腸店。

於是，艾伯特便用自己的積蓄頂下了這家店。由於他賣香腸時比較熱情、真誠，所以生意越來越好。此時，他開始做廣告，準備開分店。

不僅如此，他還請電影公司將自己的故事拍成電影，在英國的各大影院不斷放映。很快，艾伯特在英國變得無人不知、無人不曉。

當有媒體採訪他，問其如果會讀書、會寫字，將會做什麼呢？艾伯特則笑著回答說，可能還在小學那裡做雜務工，每週收入 5 英鎊。

艾伯特‧霍布戴爾的經歷告訴我們：面對失敗，如果是一味地抱怨，只會讓人意志消沉，但如果我們勇於面對失敗和困境，則會發現有更寬廣的天地等著我們。那麼，如何才能做到不抱怨呢？對此，有心理學家為我們提出以下幾點建議：

一是要以樂觀的心態來面對，並積極行動起來。心理學家表示，抱怨只是一種語言而不是行動，當我們被過多的負面語言困擾時，只會失去行動力。因此，在遇到困境時，要學會樂觀地面對，並積極地採取行動，才能冷靜而穩妥地處理好目前的危機。

二是學會接受。心理學家表示，學會接受是一種大智慧的表現，懂得接受的人往往會看到自己不可替代的優勢。所以，與其在那裡一味地抱怨，不如接受已經發生的事情。而所謂的接受並不是忍氣吞聲，而是在接受的前提下，找出解決問題的方法，進而努力改變當下的局面。

三是轉移不良情緒。當我們在日常生活和工作中遇到煩心事時，不妨試著轉移自己的注意力以及不良的情緒。比如，當我們與家人發生爭吵時，不妨暫時離開這個環境，與他人聊一些有趣的話題或是做一些自己感興趣的事情等。

Part9　遠離抱怨：走進不抱怨的智慧世界

抱怨無法解決任何問題

　　瑪麗是某上市公司的CEO，她的公司名聲非常大，她也總是被各大媒體爭相報導。有一次，當媒體採訪瑪麗成功的祕訣時，她聲稱自己的成功來源於兒時奶奶對她的教導。奶奶曾經告訴她，不管遇到什麼事情，一味地抱怨並不能解決問題。

　　原來，瑪麗小時候與鄉下的奶奶一起生活，奶奶開了一家雜貨店。由於奶奶待人和藹可親，所以很多人都會到她的店裡買東西，即使不買東西，他們也喜歡與奶奶聊聊天。可是，有些人在與奶奶聊天的過程中常常會抱怨連連，當他們說出抱怨的話語，奶奶就會刻意地讓瑪麗待在一邊。

　　有一次，一位中年男人到店裡買東西，還沒等奶奶與他打招呼，對方就滿臉煩躁地說：「這兩天真是煩人，一直都是陰雨綿綿，害得我都無法在戶外工作，這種鬼天氣真讓人的心情糟糕透了！」奶奶一邊拿出他想要的物品，一邊附和說：「是啊，是啊……」後來，那個中年男子抱怨了十來分鐘才離去。

　　又有一次，一位大媽來店裡買東西時，她剛進門就向奶奶抱怨道：「最近的生活太不如意了，孩子越來越淘氣，非常不聽話，孩子的爸爸總是在外面喝酒，也不好好賺錢，以後生活怎麼過啊！」奶奶還是老樣子，一邊遞給對方東西，一邊附和道：「是啊，是啊……」

　　等到他們抱怨完離開後，奶奶便轉身對旁邊的小瑪麗說：「孩子，你聽到這些人抱怨的話了嗎？其實，每個夜晚，不管是窮人還是富人都有可能在酣然入睡後就不會醒來。那些與世長辭的人在睡覺時也不會感到暖和的被窩已經變成了冰冷的棺槨，他們再也不會因為天氣冷或熱而抱怨一秒鐘。所以，孩子，遇到任何事都不要抱怨，因為抱怨解決不了任何問題。如果你對現狀不滿，不妨試著改變它。如果改變不了，則調整自己的心態來面對它。」

所以，瑪麗一直牢記奶奶的話，不管遇到何種困難和挫折，她從來都不會抱怨什麼，而是積極樂觀地面對，並靠著自己的努力改變現狀，盡力做出一番成就。

在現實生活中，很多人都會像上文中的中年男子和大媽那樣因為天氣或是一點小事而抱怨不已，進而讓我們長時間沉浸在煩惱和不快中無法自拔。可是，天氣並不會因為我們的抱怨而好轉，孩子也不會因為我們的牢騷而變得聽話，所以即使我們抱怨連連，也是於事無補，正確的做法是坦然面對、努力改變。

在日常生活和工作中，我們聽到最多的話可能就是抱怨了。透過抱怨能讓我們的內心獲得短暫的平衡，可以繼續現有的生活，所以很多人越來越依賴抱怨，甚至變成為一種習慣，並成為生活和工作的一部分。生活中遇到各種瑣事，抱怨；工作待遇不好，抱怨；長官沒有做出正確的決策，抱怨……可以說，抱怨無處不在，但實際上抱怨解決不了任何問題，相反的，它還會讓問題變得複雜化，給我們帶來負面的影響。

首先，抱怨會讓我們產生諸多負面的情緒，進而會抵消我們前進的動力，磨滅人的鬥志。如果總是習慣於抱怨，就會讓我們否定自己的主觀能動性，深陷於抱怨之中，不僅影響生活和工作，還會影響自己的心情和心態。

其次，抱怨還會影響我們的人際關係。在人際交往中，沒有人願意與心態負面、消極的人交往，更沒人喜歡與發牢騷的人相處。如果一個人總是處於不良的情緒中，張口便是抱怨，勢必會影響周圍的人，進而會招來更多的抱怨。

因此，不管現實怎樣，我們都不要一味地抱怨，而是要學會冷靜地看待這個世界，審視自己，並靠自己的努力來改變現狀。那麼，如何才能不再抱怨，改變目前的狀態呢？對此，有心理學家提出以下幾點建議：

Part9　遠離抱怨：走進不抱怨的智慧世界

一是學會寬容待人。人與人之間總是無法避免各種摩擦和矛盾，所以難免會有所不滿。可是，只要不涉及原則問題，我們都應該學會寬容待人，不要因為一點小事而斤斤計較，更不要因為雞毛蒜皮的事情而爭論不休，甚至拳腳相加，如此不僅傷了和氣，還會對他人造成傷害。

二是培養健康的興趣。心理學家認為，興趣是保持良好心理狀態的重要條件之一。我們的興趣越廣泛，適應能力也就越強，心態就會越好。比如，在空閒的時間學習繪畫、種花、舞蹈等。當我們培養出多種興趣，就會發現我們的生活越來越充實、豐富，沒有時間抱怨了。

三是設法做出改變。在日常生活和工作中，當我們遇到困難和挫折時，與其在那裡抱怨連連，不如積極地改變自己，透過努力來突破自己目前的困局。因為抱怨只能暫時緩解內心的不滿，卻解決不了任何問題，更不會讓我們成為贏家。

抱怨會讓我們對幸福視而不見

　　有一個詩人非常有才華，長得氣宇軒昂，而且家境很富裕。他有一個溫柔漂亮的妻子和一個天真可愛的孩子，人生可謂是相當圓滿了。沒想到，他對此卻很不滿，聲稱上天對他太不公平，因此，常常逢人就抱怨不已。

　　有一天，他在路上遇到佛陀，向其大倒苦水。佛陀問他：「年輕人，我可以幫你做什麼嗎？」詩人回答道：「我想要一件東西，你能給我嗎？」佛陀回答道：「不管你要什麼，我都會滿足你的。」於是，詩人說：「我想要幸福」。

　　佛陀聽完，沉思片刻回答說：「好的，我明白了。」說完，祂就離開了。當詩人回到家中後發現，自己的一切都被佛陀帶走了：英俊的容貌、智慧和才華，以及財產、妻子和孩子等。

　　兩個月過後，當佛陀再次來到那位詩人的身邊，他發現詩人已經變成了另外一個人：在街邊像個乞丐一樣，穿得邋裡邋遢，餓得奄奄一息。見此情景，佛陀將詩人的一切又都歸還給他，然後悄無聲息地離開了。

　　一段時間過後，佛陀又來到了詩人的身邊，詩人見到祂後，帶著妻兒對祂連連道謝。從此之後，詩人再也沒有任何抱怨，而是踏踏實實地生活。

　　在日常生活中，可能很多人都像上文的詩人那樣，對自己身邊的幸福往往視而不見，總認為自己過得不快樂、不幸福，進而心生不滿和抱怨，苦苦尋找自己想像的幸福。有心理學家表示，其實生活就是如此，它無形中已經給了我們很多寶貴的東西，但我們卻總是因為追逐的目光和抱怨的心理而不懂得駐足發現自己身邊的幸福。只有在失去的時候，才發現它們是那麼珍貴。

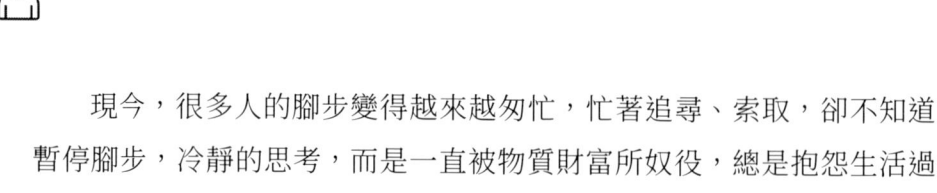

Part9　遠離抱怨：走進不抱怨的智慧世界

現今，很多人的腳步變得越來越匆忙，忙著追尋、索取，卻不知道暫停腳步，冷靜的思考，而是一直被物質財富所奴役，總是抱怨生活過得不快樂、不幸福。誠然，物質財富是我們必需的，但如果我們不用心感受身邊的幸福，就會一直活在抱怨中。正如印度佛教大師寂天所說：「雖然有逃避苦難之心，他們卻一頭扎進苦海；雖然有求取幸福之心，卻因痴之故，他們視如寇仇一樣毀滅了幸福」。

其實許多人本來是很幸福的，但他們卻總是抱怨不已，並仰望和羨慕他人的幸福。可是當我們羨慕他人的幸福時，回頭卻發現自己正在被其他人仰望和羨慕著。因此，心理學家表示，其實生活並沒有虧待我們，而是我們期望的太多，進而讓我們對身邊的幸福視而不見。

在美國西雅圖有一個賣魚的市場非常特別，很多顧客認為去那裡買魚是一種享受，因為那裡的魚販們雖然每天都被難聞的魚腥味包圍著，但他們卻總是面帶笑容地工作，對顧客很有親和力，從來沒有聽到他們說出半點怨言。不僅如此，他們在工作時興致特別高，就像是默契十足的籃球隊員，冰凍的魚像籃球一樣在空中飛來飛去，大家合作得非常好。

他們這種積極樂觀的工作態度讓附近的居民都願意到這裡買魚，並喜歡與那些魚販們一起聊天、吃飯，感受他們的好心情。有時候甚至有公司的主管跑到這裡來「取經」，想從他們那裡得知如何才能提升團隊的士氣。

當媒體得知這件事後，特意來這裡採訪他們。記者詢問他們為何在充滿魚腥味的環境下還能保持高昂的情緒時，有魚販稱，幾年前，他們在這裡工作也是毫無生氣，每天都充斥著抱怨，訴說工作太辛苦。後來，大家認為與其無休止地抱怨，不如做出改變，認真發現身邊存在的幸福。於是，他們將賣魚當成一件快樂、幸福的事，所以他們總是保持著好心情。

因此，我們還是儘早放棄自己的抱怨，拋開那些無謂的煩惱和雜念，用心感受和發現自己身邊的美好事物，以擺脫抱怨的束縛，找到幸福的真諦。那麼，如何擺脫抱怨的心理呢？對此，有心理學家為我們提出以下幾點建議：

一是學會自我調節。我們之所以會產生諸多的抱怨，雖然與我們所遇到的不公平現象有很大關係，但也與個人的思想修養和認知方式有關。如果我們能夠自我調節，抱怨的心理也就會漸漸消失。所謂的自我調節就是自我調適、自我安慰，試著讓自己冷靜下來，對遇到的困境進行分析，找到化解的途徑，這是克服抱怨心理的最好方法。比如，分析一下自己對問題的看法是否全面，有沒有過於偏激；想一想有沒有比抱怨更好的解決方法。

二是掌握好手中的「權力」。我們每個人就像是棋盤上的一個個棋子，不管我們是將還是兵，手中都有一定的權力，這與我們的社會角色是相符的，我們能夠自我支配。如果在日常生活和工作中也像下棋那樣，在走每一步前都進行一番深思熟慮的話，那麼，我們手中的「權力」就會形成一種合力，進而有利於我們自身的發展。反之，如果我們不懂得運用這份「權力」，就會抱怨連連。

三是對個人的情感和行為負責。如果我們總將自己的情感、行為交給環境、他人的話，可能就會產生很多的怨恨和傷害，因為環境和他人不會滿足我們的意願。如果我們總是看他人的臉色行事，情緒就會受到環境和他人的左右，生活將充斥著抱怨、悲哀。因此，我們應該學會對自己的情感、行為負責，這樣才能遠離抱怨，擺脫抱怨的心理。

Part9　遠離抱怨：走進不抱怨的智慧世界

與其抱怨，不如面對現實

　　王偉是一名大學畢業生，畢業後他找到了一份不錯的工作，同學、朋友聽說後都打電話祝賀他。王偉也覺得很開心，畢竟畢業沒多久就找到稱心的工作，確實是一件很高興的事情，所以，他還請幾個朋友吃了飯。

　　為了方便上下班，王偉特意在公司附近租了一間房子。起初，王偉的工作興致非常高，每天都是第一個到公司，做事也很認真。可是做了幾個月後，他卻變得異常煩躁起來，經常向同學、朋友抱怨公司諸多的不好，甚至抱怨部門主管很無能，總是做出一些不明智的決策。朋友聽後勸說道：「上班就是這樣，總是會遇到各種不順心的事情，抱怨是沒有用的，你要學會面對現實，試著做出改變。」

　　可是王偉卻不聽勸，沒過多久就辭職了，而後找了一份他認為不錯的工作，沒過多久又重新搬了住處。但後來，他又對新公司的制度、同事感到不滿，抱怨連連。做不到兩個月，再次辭職、找工作、搬家。

　　幾年之中，王偉換了十幾份工作，搬了好多次家，而其他同學和朋友卻在一個職位上做了好多年。與王偉相戀多年的女友，起初還安慰他，以為他真的沒有遇到好的公司，但幾次下來，她對王偉也非常不滿，最後，她不得不向王偉下最後通牒：「我們在一起已經好幾年了，可是在幾年裡你工作換了十幾個，你要一直這樣下去嗎？如果你遇到問題只是不停地抱怨，而不是做出改變的話，我真的在你身上看不到未來，如果你執意這樣下去，我們還是分手吧。」

　　王偉聽了女友的話，急忙承諾道：「我下次一定不會這樣了，這份工作我一定好好做。」可是沒做幾個月，他再次辭職了。最終，女友與他分了手。

在日常生活中，有些像王偉這樣的人，只是一味地抱怨，而不正視問題，不做出改變，不珍惜目前的工作機會，總以為下一份工作會更好。在不停的抱怨中，他們失去了一份又一份工作，任憑自己的青春年華漸漸流逝，最終被快速發展的社會所淘汰。

在工作中，我們常常會聽到這樣的抱怨——「工作真是太無聊了，每天都是這些事情」，「長官要求太苛刻了，工作做完不就行了嗎」，「面對這些繁雜的事情，我快要崩潰了」……有時候，抱怨確實能夠得到一些人的寬慰之詞，也會讓我們內心的壓力得到一定的緩解。可是無休止的抱怨卻讓人的思想變得膚淺，對工作敷衍了事，最終，我們只會讓自己的發展道路越來越窄，最終一事無成。所以，心理學家表示，不管何種工作，不管工作多麼繁雜、瑣碎，都需要認真對待。因為在工作中我們所獲得的一切，都取決於我們的態度。

張檸是某公司的銷售經理，每天都要穿梭在城市的大街小巷中。一天，他要到北京談生意，當他攔了一輛計程車坐進去後發現，這輛車與其他計程車有很大的不同：車內相當乾淨、雅緻，司機的笑容很親切，這讓張檸的心情頓時感覺很好。

當車子發動後，司機客氣地問張檸要不要開空調，在張檸應允後，司機將空調調至合適的溫度；當司機發現張檸有些疲憊時，便詢問他要不要聽些輕緩的音樂；當路段比較擁堵時，司機則提醒他車裡有最新的報紙和雜誌。

這讓張檸不禁感慨道：「師傅，我可是第一次坐上這麼舒心的計程車！很多計程車司機會對乘客抱怨連連，聲稱這份工作很辛苦，為什麼你的服務態度這麼好，而沒有半點抱怨呢？」司機師傅溫和地回答道：「其實以前我也是那樣的。我做這份工作已經七、八年了，剛開始感覺壓力非常大，常常抱怨工作太辛苦，而且每天心情都很糟糕。直到有一天一位退休的老教授坐車時告訴我，『如果你總是因為抱怨而心情不順，

Part9　遠離抱怨：走進不抱怨的智慧世界

那麼所有發生的事情你都會覺得倒楣透頂；如果你換一種心情和態度看待這些事情，做出一番改變，你可能就會感到不一樣』。從那之後，我就不再抱怨，而是試著改變自己的心情和態度，果然，收穫了更多的快樂。」

因此，當我們對生活和工作感到厭倦和不滿時，與其抱怨不休，不如面對現實，試著做出改變，而不是將時間浪費在沒有意義的牢騷和抱怨上。那麼，究竟該如何做呢？有心理學家提出以下幾點建議：

一是採取積極向上的態度。不管遇到何種困境，我們都應該採取積極向上的態度來面對，儘自己所能做好每一件事情。比如，當我們打牌時，雖然拿到手的都是爛牌，但與其在那裡抱怨不已，不如儘自己所能，將手中的牌打好。

二是學會忍耐，並分析其中的原因。如果我們在工作中遇到挫折和困難就抱怨連連，長此以往，我們就會將抱怨當成一種習慣，難以拋棄。所以，在遇到不順心的事情時我們要學會忍耐，並試著分析其中的原因。那麼，以後再遇到同樣的情況，我們就能更好地應對。

三是少抱怨環境，多改變自己。有心理學家表示，將時間浪費在抱怨上是人生最為悲哀的事情。抱怨他人的各種缺點，是我們不夠豁達；抱怨孩子難以管教，是我們的方法太少；抱怨環境太差，是我們自己難以適應。

因此，我們不能對他人和環境提出太多的要求，而是要試著改變自己，讓自己來適應環境，成為環境的主人，即學會利用現有的條件來打造自己，成就自己。正如沃爾多・愛默生所說：「如果我們知道怎樣利用機遇的話，那麼，我們所處的這個時代，就會和其他任何時代一樣，是一個非常有利於自己發展的時代。」

感恩：關閉內心抱怨的「大門」

在職業媒合會上，因某公司的發展前景和待遇相當不錯，所以很多應徵者都聚攏在這裡。可是，經過幾輪面試後，很多應徵者都被刷了下來，最終，在等候室中只剩下兩個年輕人。

此時，一位精神飽滿的面試官走了進來，他對這兩個應徵者很滿意，因為他們在前幾輪的面試中表現得都不錯，但公司只需要應徵一個人，所以，他決定從這兩個優秀的應徵者中選擇一個。於是，他單獨約見了這兩個人。

當與第一個年輕人見面時，他向對方提出這樣一個問題：「你對之前的公司有怎樣的評價呢？」年輕人聽後，立刻抱怨道：「真是相當糟糕，公司的管理制度太混亂了，同事們工作的積極性也不高，每天都很懶散，而且我們部門的主管也沒有管理才能，所做出的決策都相當不明智。在那個公司中，我做了一年就再也做不下去了，所以你很難想像我是如何在那個公司待了一年。」面試官聽了皺了皺眉頭，沒再說什麼，讓那個年輕人出去了。

接著，他又開始面試第二個年輕人，所問的問題是一樣的。對方聽完問題後，回答道：「雖然我原來工作的公司規模比較小，管理也不是很規範，但我在那裡工作卻學到了不少東西，尤其是從部門主管、同事那裡學到了很多工作技能，而且與其相處得很融洽。所以我很感激之前的公司，也讓我更有勇氣來面試貴公司。」面試官聽了，滿意地點了點頭。

結果不言而喻，第二個年輕人被這家公司錄取了。

在日常生活中，如果我們不懂得感恩，缺少感恩的心態，則會讓我們的情感變得麻木，對生活和工作缺乏熱情和認真負責的態度，進而變成冷漠無情的動物。就像上文中第一個年輕人，因為不懂得感恩，只會

Part9　遠離抱怨：走進不抱怨的智慧世界

讓面試官對其感到失望，其原本的出色表現也大打折扣。

一張桌子上有半杯水，有的人看見會抱怨道：「哎，真是可憐，怎麼只剩半杯水了？」而有的人看到則會驚喜地說：「啊！好難得啊，竟然還有半杯水呢！」這就是不同的人對同一事物的不同心態，前者因為抱怨而心生悲觀情緒，而後者則是因為感恩而覺得很驚喜、很開心。在日常生活和工作中，很多人總覺得自己活得比較累，所以抱怨連連，但有的人即使很辛苦，卻覺得非常充實，這就是因為心態不同。

當我們在工作中遇到麻煩、不順心的事情，我們不妨換個角度想想，如果我們能夠將較為困難的事情都解決了、做好了，則表明我們的工作能力得到了提升，所以我們要感謝這些磨難。如果堅持以這種樂觀、感恩的心態面對困難和挫折，用感恩的眼光看待一切，我們就會收穫更多的機會和快樂。

《聖經》上有這樣一句話：「一生一世，都是恩惠」。所以我們應該感恩我們所擁有的一切，才不會對目前的生活和工作現狀有所抱怨，才會發現自己的價值和優勢，才會讓我們周圍充滿溫馨、快樂、動力，才會更積極、更樂觀地面對各種困難和災難。

在日本被稱為「推銷之神」的原一平最為推崇的就是「三恩主義」：社恩、佛恩和客恩。在推銷保險的工作中，即使他被其他人尊稱為「推銷之神」，他也從不驕傲，從來不自以為是，而是處處謙虛以待，總是感謝公司對他的栽培，認為如果沒有公司提供的平臺，就沒有今日的他，所以他非常尊敬公司，甚至在晚上睡覺的時候都不敢將自己的腳朝著公司的方向，這就是社恩。

他的成功除了艱苦奮鬥，與川田董事長的栽培是分不開的，可是他最感謝的還是自己的啟蒙恩師——吉田勝逞法師、伊藤道海法師，沒有他們指點迷津，他或許仍然是一個無名的推銷人員，這就是佛恩。而對

與他合作的同事以及參保的客戶，原一平也是心懷感恩，這就是客恩。

正是由於這份感恩之心，他在工作中從來沒有任何抱怨，而且他還將自己的所得除了10%留給自己使用，其他的都回饋給公司和客戶。由於他對公司和客戶心懷感恩，處處都為公司的利益著想，為客戶提供優質的服務，進而事業取得了巨大的成就。

人生在世，我們總會經歷各種失敗、挫折，此時，我們不能一味地抱怨，因而變得消沉、萎靡不振，而是應該心懷感恩，讓浮躁的心靜下來，告訴自己跌倒了就重新爬起來。只有我們學會用感恩來關閉心中抱怨的「大門」，才能發現生活將會有神奇的改變。正如英國作家薩克萊所說：「生活就是一面鏡子，你笑，它也笑；你哭，它也哭。」所以，學會感恩來歌唱生活，讓我們對生活充滿愛與希望。

Part9　遠離抱怨：走進不抱怨的智慧世界

用不抱怨回應逆境和絕望

　　喬杉非常喜歡音樂，特別是小提琴。可是在國內學了一段時間後，他想要到維也納去深造，畢竟那裡是音樂之都，會讓自己學習到更多的東西。於是，他湊足了出國的費用，到了舉目無親的維也納。可是當他站在異國他鄉時，還是有些慌亂和沮喪，因為他所剩的錢根本無法進入學校深造。這讓他感到自己的夢想是那麼遙不可及。

　　可是即使如此，他也沒有感到絕望，沒有抱怨命運不公，更沒有停止前行的腳步，而是找到了一個賺錢的方法——街頭賣藝。起初，他所賺的錢沒有多少，只能維持基本的生活，但這卻給了他很大的動力。而在街頭賣藝期間，他認識了一位琴手，這位琴手每次在收工的時候都會抱怨：「我們每天這麼辛苦卻只賺這點錢，真不想再繼續彈琴了。」但喬杉卻勸說道：「即使再怎麼抱怨也無法解決問題，所以我們還是勇敢地面對這些困境吧。」但那位琴手卻聽不進去，依然在那裡抱怨不停。

　　後來，他在一家大型商場附近發現了賣藝的黃金位置，於是，他將自己的「陣地」轉移到了這裡，並將那位琴手也帶了過來。很快，他們在這裡賺到了不少錢，琴手每次賺完錢就會到酒吧或是其他地方玩樂，而喬杉則將錢存下來做為學費預備金。當他賺夠了學費和生活費後便與那個琴手道別，去學校深造了。

　　一晃5年過去了，有一天當喬杉有事經過曾經賣藝的商場附近時，發現那位琴手還在那裡，而且表情還是像往常那樣，滿臉的不情願，遇到相熟的人還會抱怨幾句。當喬杉過去與其打招呼時，他寒暄了兩句就開始抱怨最近錢越來越不好賺了。當他問喬杉在哪裡拉小提琴時，喬杉說了一個很有名的音樂廳。琴手非常疑惑地問道：「那裡也可以讓街頭藝人去賣藝嗎？」喬杉沒有說什麼，只是淡淡地笑了笑。

　　其實，此時的喬杉已經是一名優秀的小提琴演奏家，經常被邀請到有名的音樂廳演奏，也實現了他當初的夢想。

用不抱怨回應逆境和絕望

在人生道路上，我們總是會遇到各種困境，這是生活的一部分，如果我們一直盯著那些困難，看到的只有絕望，並讓我們對此抱怨連連。可是，如果我們用不抱怨來回應這些逆境，勇敢地面對各種困難，就會從荊棘中開闢出一條康莊大道。正如培根所說：「奇蹟多是在厄運中出現的。」所以，我們應該學會用不抱怨來回應逆境和絕望，這樣才能成為一名強者，才能取得成功。就像上文的喬杉，即使身處困境，也沒有因此自怨自艾，而是勇敢地向逆境宣戰，積極地付諸行動，最終實現了自己的夢想。

可是在現實中，很多人都會將抱怨當成一種習慣。因為抱怨能夠宣洩自己的情緒，也讓自己的心靈暫時被麻醉，甚至將自己所遇到的困境、失敗都歸於外界因素。這樣只會讓我們深陷逆境的漩渦中，進而讓我們更加沮喪、絕望。如同上文的琴手，一味地抱怨，而不懂得努力擺脫困境，所以 5 年過去了，他依然過著無望的生活。

大多數成功者都是從逆境中走出來的，因為他們在逆境中鍛鍊了品格，也激發了積極向上的勇氣。當身處於逆境中，被逼得無路可退時，人們就會想辦法進行自救，進而在無形之中取得成功。因此，當我們經歷或大或小的坎坷、失敗時，不要抱怨，也不要沮喪，更不要絕望，因為世界上沒有絕望的處境，只有對處境絕望的人。只要勇敢面對，沒有邁不過去的坎。

在法國南部有一個名叫帕里斯的人，他一向以製造玻璃為生。直到有一天，他看到一個相當精美的彩陶茶杯時，被其製作工藝所折服，並暗暗下定決心，自己也要打造出這樣美麗的彩陶。

他說做就做，在自己居住的地方建起了窯，並且從市集上買來很多陶罐，將其打碎後，一邊摸索著，一邊試驗如何燒製彩陶。他一做就是好幾年，碎陶片在一邊堆得像座小山，可是他期望打造出來的彩陶卻仍

Part9　遠離抱怨：走進不抱怨的智慧世界

然沒有成功。此時的他已經入不敷出，但他並沒有絕望，而是先回去重操舊業，賺了錢後再繼續追求他的彩陶之夢。

這樣又過了幾年，窯旁邊的碎陶片已經堆得像大山那麼高了，但他仍然沒有成功。此時，周圍的人都認為他相當愚蠢，是一個名副其實的傻瓜，甚至連家人也埋怨他，抱怨他不好好生活，卻將錢花在這些廢陶罐上。即使如此，他依然沒有動搖自己想要打造精美彩陶的信念，並默默地承受他人的恥笑和家人的抱怨。

有一次，他在燒製彩陶時，已經十幾天都沒有睡好覺了，白天黑夜都守在窯旁，因為彩陶馬上就可以出窯了。當燃料不夠時，他便將家中的柵欄、家具作為燃料，以免火停下來。本以為多年的心血終於有回報了，可是此時他聽到窯中發出「嘭」的一聲。最終，所有的產品又全都成了瑕疵品。

再次的失敗讓他受到了巨大的打擊，他感到頹廢至極，也感受到了一絲絕望。當他獨自一人在一望無際的田野中走了很久之後，心情漸漸得到了平復，然後他再次踏上自己的燒陶之旅。經過長達16年的堅持，他最終成功了，但他並沒有歡呼雀躍，而是相當平靜地面對。如今他的作品已成為稀世珍寶，很多藝術品收藏家都爭相收藏。而他所燒製的彩陶，也在法國的羅浮宮之中閃耀著光輝。

所以，想要獲得成功是相當不容易的，帕里斯的成功祕訣就是在面對一次次失敗時不斷重新站起來，用不抱怨來回應逆境和絕望。正如西奧多·羅斯福所說：「最好的事情是勇於嘗試所有可能的事，經歷了一次次的失敗後贏得榮譽和勝利。這遠比與那些可憐的人們為伍好得多，那些人既沒有享受過多少成功的喜悅，也沒有體驗過失敗的痛苦，因為他們的生活黯淡無光，不知道什麼是勝利，什麼是失敗」。

因此，身處逆境中，一味地抱怨和沮喪是解決不了任何問題的，那

樣只會讓我們感到更加絕望。與其如此,不如用不抱怨來戰勝困境。當我們經歷困難和坎坷時,將其當作是人生的餽贈,才能讓我們從容地面對一切,才能保持積極的心態,進而更可能取得成功。

Part9　遠離抱怨：走進不抱怨的智慧世界

Part10
創造快樂：豐盈內心，塑造好心態

> 我們的人生是否感到快樂，關鍵是我們能否懂得知足，如果欲望太多太大，那我們永遠都得不到滿足和快樂。所以，在人生路上，我們要學會知足常樂，沒有太多的苛求，才會獲得更多的幸福和快樂。

Part10　創造快樂：豐盈內心，塑造好心態

用微笑面對生活

在非洲的一座火山附近有一個小村莊，一次火山爆發導致泥石流傾瀉而下，迅速流向那個小村莊。房屋、農田、樹木頃刻間就被摧毀了。此時，一個14歲的小女孩正在睡夢中，當她睜開雙眼發現滾滾而來的泥石流時，她嚇得不知所措。

當營救人員趕到時，泥石流已經沒過了小女孩的身體，到達了她的胸部，只露出胸部以上及兩隻手臂。營救人員看到這一情況也相當心急，不知該如何營救。附近的房屋都已經倒塌了，小女孩的父母也已經被泥石流奪去了生命，她是村子裡為數不多的倖存者之一。對於那個女孩來說，由於她已經遍體鱗傷，每一次拉扯，都會對她的肉體造成更大的傷害。

這時，很多媒體記者也趕到了事發地點，並用攝影機對著她。那個小女孩始終咬著牙微笑著，沒有叫一聲痛，還不時揮著手臂向營救人員致謝，並用兩隻手臂做出表示勝利的「V」形。她相信救援隊一定會將她救出去，所以她一面對帶微笑。

而在一旁的營救人員不停地想著方案，但方案最終一一被否決，因為他們根本無法將小女孩從泥石流中拯救出來。可是她卻自始至終揮著手，直到一點點被泥石流完全吞沒。

直到她生命的最後一刻，小女孩的臉上也沒有顯現出一絲的痛苦，而是面帶微笑，手臂一直保持著「V」形。那一刻，在場的所有人都含淚目睹了這悲慘的一幕。

這個穿透靈魂的微笑蘊含著震撼人心的力量，讓一切困難猶如輕煙般飄散。生活本來就包含酸、甜、苦、辣、鹹，重要的是我們如何面對，如何闡釋。如果我們認為生活是美好的，那麼，我們即使身處寒冷

也能感到處處有溫暖。所以，當我們用微笑來面對生活時，就會看到燦爛的陽光，迎接我們的也是歡聲笑語。

在一家照相館前，一個窮苦的婦人帶著自己4歲的兒子從那裡經過時，小男孩望著櫥窗中很多漂亮小孩的照片羨慕不已。他一直趴在那裡看著。看了很久之後，他向媽媽哀求道：「媽媽，你能帶我去照一張像嗎？」媽媽彎下腰，溫和地對孩子說：「我們還是不要照了，你瞧我們的衣服太破舊了。」小男孩沉思片刻，抬起頭對媽媽說：「媽媽，即使我的衣服很破舊，但我依然會面帶微笑的。」

微笑，永遠是我們生活中的陽光雨露，它具有一種神奇的力量，能夠讓人的心境安靜平和；能化作春風，把快樂和希望吹到人的內心深處。人生在世，失敗、痛苦、挫折都是無法避免的，但只要學會以微笑面對生活，以微笑面對失敗，並從失敗中學習經驗教訓，我們就會變得堅不可摧；用微笑面對痛苦，一切煩惱也會煙消雲散。正如南宋詩人楊萬里所說：「風力掀天浪打頭，只須一笑不須愁。」

因此，我們應該學會微笑面對生活：微笑面對傷痛，傷痛便會悄然而去；微笑面對失敗，失敗就會成為我們前進的動力；微笑面對黑暗，黑暗則會激發我們走向光明；微笑面對過去，過去將會成就我們美好的未來。

微笑也是我們對生活的一種態度，與貧富、地位、處境沒有必然的連繫。一個腰纏萬貫的人可能每天都會憂心忡忡，一個貧苦的窮人卻可能每天都心情舒暢；一個身處順境的人可能會愁眉不展，一個身處逆境的人可能會面帶微笑。那麼，如何學會微笑著面對生活呢？對此，有心理學家為我們提出以下幾點建議：

一是調整自己的情緒。在日常生活中，很多人遇到一些困難和挫折時就會變得沮喪不已、不知所措，本來可以憑藉自己的能力解決的問

題，卻因為掌控不好自己的情緒而讓簡單的事情變得複雜化。其實，當遇到棘手的問題時，我們控制好情緒，冷靜地對待，掌握事情的關鍵所在，就能將問題遊刃有餘地處理好。

二是每天給自己一個微笑。我們要學會用笑容改變這個世界，而不是讓世界改變我們。如果我們每天都是神情冷漠、表情僵硬，即使有好事發生，看到鏡子裡的自己我們也不會感到快樂。所以，即使每天都要面對艱辛的生活，也要對著鏡子翹起嘴角，給自己一個微笑。也許這樣我們就會忘記悲傷、忘記煩惱。

三是用讀書來充實自己。如今，很多人都忙著玩手機、打遊戲，進而讓自己陷入一種躁動不安的生活狀態中。但如果我們將這些時間用來多讀書，充實自己，用知識的養分來滋補自己，那麼，我們就不會感到那麼無趣和焦躁，就會發現生活處處充滿陽光。

懂得知足常樂

　　傳說，八仙之一的張果老在成仙之後，每天都要到民間去轉悠一圈，以幫助更多需要幫助的人。有一天，他來到一個村口，發現一對年邁的夫婦在那裡賣水。於是，他走過去以買水為由與他們攀談起來。在聊天的過程中，當張果老得知這對老夫妻生活非常貧困時，便想幫助他們。

　　他問那對老夫妻：「你們有什麼願望呢？不妨說出來聽聽？」老婦人回答道：「如果我們老兩口能開個小酒館賣酒的話，日子可能會好過一些。」張果老聽後，拍著胸脯說：「放心好了，這事包在我身上。在你們村附近的一座山頂上，有一塊形狀很奇特的大石頭，模樣有些像猴子。而在石頭旁邊則有三個泉眼，不過，如今它們被厚厚的灰塵堵住了。你們明天可以到山上去將那些灰塵清理出來，清理乾淨後，泉眼就會自動流出酒來。」

　　說完，張果老還遞給那對老夫妻一個葫蘆，並對他們說：「你們只需要將這個葫蘆裝滿就可以了，它足夠你們賣一天的。」

　　於是，那對老夫妻在第二天早早就上山了。他們按照張果老所說的找到了那塊石頭，並將泉眼打掃乾淨。果然，他們剛打掃乾淨，就有清醇的酒流了出來，並散發出濃濃的酒香。兩個人看見美酒非常開心，裝滿一葫蘆便下山去賣了。果然，一葫蘆酒恰好可以賣一天。所以，他們每天都上山去打酒，然後在村口賣酒。不久，他們的日子漸漸好了起來。

　　一年過去了，張果老再次來到這個地方，想看看那對老夫妻過得怎麼樣了。老夫妻見了張果老還沒有說一句感謝的話，就向他抱怨道：「雖然我們按照你教的辦法找到了酒，並因為賣酒日子過得越來越好，可惜卻沒有酒糟來餵豬，如果有的話應該會更好一些。」張果老聽了他們的

Part10　創造快樂：豐盈內心，塑造好心態

話，為他們的不知足而搖頭嘆息，然後直接離開了。

從那之後，山上的泉眼便慢慢枯竭了，不管他們如何打掃乾淨，再也沒有香濃的酒從那裡流出來了。沒過多久，老夫妻又過上了貧苦的生活。

上文的老夫妻正是因為欲望太多、不懂得知足，才讓他們的生活回到了原點，而今很多人都是因為過於貪心而讓自己失去更多。如果過於看重眼前的利益，只會讓人變得貪得無厭。著名作家劉墉對人類的貪婪刻劃得非常細緻：「旅客車廂內擁擠不堪，無立足之地的人想，我要是有一塊立足的地方就好了；有立足之地的人想，我要是能有一個邊座就好了……直到有了臥鋪的人還會想，這臥鋪要是一個單獨包廂就好了。」可見，人的欲望往往是無窮的，總是難以得到滿足。所以，我們在日常生活和工作中，要懂得知足常樂，才會讓內心感到更充實。

知足常樂能夠讓人身心健康。作家冰心曾說：「事因知足心常樂，人到無求品自高。」如果我們沒有太多的欲望，就不會因為爭名奪利而苦惱，也不會因為物欲而隨波逐流，自然就會感到精神輕鬆，心理也會處於最佳的狀態，進而能夠預防心理疾病的發生，所以，身心自然會健康。有一位老人雖然已經 103 歲了，但他依然耳聰目明、思維敏捷。當有人問其長壽的祕訣是什麼，他回答道：「內心清淨自然就可以長壽。」簡單的一句話卻道出了知足常樂的前提——清心寡慾。

其實，所謂的清心寡慾就是讓內心得以清靜。正如《黃帝內經》所記載的「志閒而少欲、心安而不懼……是故美其食，任其服，樂其俗，高下不相慕」。只有我們對生活沒有太多的奢求，才會更容易產生滿足感和幸福感。古語有云：「能自得時還自樂，到無心處便無憂」。當我們心中無憂無慮，內心自然會常樂，身心才會更加健康。

明朝胡九韶家境非常貧困，雖然他一邊辛苦地教學，一邊努力在田間耕作，但僅僅只能做到一家人衣食溫飽。可是即使如此，每天黃昏時，他都會沐浴更衣，然後在門口焚香跪拜上天，以感謝上天賜給他們的清福。妻子見此狀，常常笑話他說：「我們每天都是以菜粥來飽腹，哪裡說得上清福呢？」

胡九韶卻回答道：「首先，我慶幸我們生活在一個太平盛世的年代，沒有戰亂，沒有災禍；其次我還慶幸我們一家人都有衣穿、有飯吃，進而不會讓我們挨餓受凍；最後我還感到慶幸的是，我們家中沒有病人，沒有人在監獄中。這些難道不是清福嗎？」

我們的人生是否感到快樂，關鍵是我們是否懂得知足，如果欲望太多太大，那我們永遠都得不到滿足和快樂。所以，在人生路上，我們要學會知足常樂，不要有太多的苛求，才會獲得更多的幸福和快樂。那麼，如何才能做到知足常樂呢？對此，有心理學家提出以下幾點建議：

一是學會愛自己。心理學家表示，當我們所選的參照物不同時，其結果是大不相同的；我們只有學會愛自己，才不會與他人進行比較，心理也就不會失衡。這樣即使我們穿著樸素的衣服，吃著粗茶淡飯，也會感到知足，也會幸福、快樂。

二是找準自己的位置。有句話說得好：「人擺錯了地方就是垃圾。」這裡的垃圾並不是說我們一文不值，而是我們所處的境地與我們的能力無關，這樣即使我們有勇武之力，在這種境況下也毫無用武之地，進而對心理造成壓力。因此，我們應該找準自己的位置，做與自己能力相匹配的事情，才會讓我們感到快樂。

三是降低自己的物質需求。當我們降低自己的物質需求時，就會感到很滿足，因為我們不需要太多的物質財富，就不需要參與激烈的競爭，進而會讓我們感到連呼吸的空氣都是自由的，生活自然就會過得快樂、滿足。

Part10 創造快樂：豐盈內心，塑造好心態

讓讚美成為一種習慣

在一家書店中，一對中年夫妻在汽車修理類的書籍邊停住了。中年男子拿起一本汽修類的書不停地翻看著。他的愛人看到這一情景，知道他想買那本書。可她翻看封面上的價格後，不禁咋舌道：「嘖，太貴了。」丈夫聽了，似乎也感覺書有些貴，只好戀戀不捨地將書放了回去，再看看其他價格比較便宜的書。

這番情景被一旁年輕的店員看在眼裡，他一邊裝作隨手整理書籍，一邊對那位中年女子說道：「阿姨，您看看您找了多麼好的一個男人啊！你們在找汽車修理類的圖書，表明叔叔肯定會修理汽車，能文能武，真是了不起啊！現在哪還有這樣的人啊。」那位中年女子聽店員這麼一說，靦腆地笑了笑。

接著，他又對中年男子說：「叔叔，想必您做汽車修理的生意做得不錯吧，看阿姨就能猜出來，對您肯定是相當支持。您瞧，還陪您來逛書店呢。所以，您娶到阿姨也是好福氣。」中年男子邊微笑邊點頭。

隨後，店員拿起那本他們不捨得買的書，接著對中年女子說：「阿姨，既然您這麼支持叔叔，肯定也不會計較他再讀幾本專業的書。何況在家看書總比出去與其他人打牌好！您說對不對呢？」那位中年女子聽了頻頻點頭，然後默默地拿起店員手中的書翻了翻，對丈夫說：「如果你喜歡這本書的話就買下吧，再看看還需要其他的書嗎？」

還未等中年男子回答，店員就立刻對他說：「叔叔，您以後可要好好對阿姨，瞧，阿姨多體貼您啊。」隨後，他們兩個人在書店又挑了兩三本書，結完帳後，中年女子挽著中年男子的手臂，心情愉悅地走出了書店。

而這個店員正是由於運用這種獨特的銷售方式，每個月的業績都是排名第一。因為他將讚美當成一種習慣，每次在讚美他人的同時，自己的內心也感到很快樂。

著名心理學家傑絲‧蕾爾曾說：「對於人類的靈魂而言，稱讚就如同陽光一樣，沒有它，我們便無法健康成長。不過，我們大部分人，只是敏於躲避他人的冷言冷語，而自己卻吝於將讚許的陽光給予他人。」所以，我們要學會將讚美的陽光慷慨地贈送給他人，這樣不僅鼓舞了對方，也愉悅了自己，何樂而不為呢？

世界上最為美好的聲音就數讚美了，它能夠讓我們樂觀地面對生活，也是自我肯定的力量泉源。讚美的話語更像是一支神奇的魔法棒，能夠改變很多人的命運。在南北戰爭剛剛開始時，北方聯軍總是被打得潰不成軍。於是，林肯大膽地任用了一位名叫格蘭特的將軍，他是農民出身，而且每天都是不修邊幅、言語粗俗，行為也很莽撞，更有人說他是一個嗜酒如命的酒鬼。

可是林肯看中的是他打仗的本領，即使後來別人要求林肯撤了他的職，聲稱他喝酒喝得太多，但林肯卻不以為然，並對格蘭特讚美道：「他總是能夠打勝仗，如果我知道他喝的是哪種酒的話，我一定會將他所喝的那種酒賞給其他將軍喝。」果然，格蘭特沒有辜負林肯對他的信任，在南北戰爭中立下了很多戰功，證明他的確是一位了不起的將軍。不僅如此，他後來還成為美國第十八任總統。

我們除了要學會讚美他人，也要學會讚美自己。當自己在學習或工作上取得進步時，不妨好好地讚美自己幾句。有時候，這種讚美無須說出口，只要給自己一個會心的微笑，就會讓我們感受到那份喜悅。在人生道路上，我們總是會遇到各種困難和挫折，進而讓我們變得沮喪不已、裹足不前。既然不管結果怎樣，我們都要面對，快樂要面對，苦悶也要面對，為何我們不選擇快樂地面對呢？所以，當我們處於困境時，要學會不斷地讚美自己，讓自己更樂觀、快樂地面對生活。

當我們獲得成功後，在贏得他人的鮮花和掌聲時，回想自己走過的

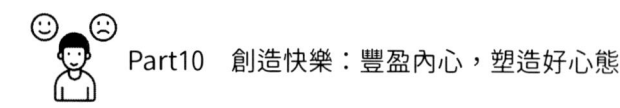

Part10　創造快樂：豐盈內心，塑造好心態

　　道路，會發現不僅有自己的汗水、淚水，更有對自己的讚美和肯定。因為這份讚美讓我們做事更有動力，更有力量不斷前行。

　　著名作家馬克・吐溫曾說：「只憑一句讚美的話，我可以多活三個月。」所以，人人都渴望能夠得到他人的讚美，因為讚美是一種肯定、一種褒獎。在生活中，聽到他人的讚美會讓我們感到心情舒暢；在工作中，聽到長官和同事的讚美會讓我們工作更用心、更認真。那麼，如何將讚美變成一種習慣？如何對他人進行讚美呢？對此，有心理學家提出以下幾點建議：

　　一是讚美他人時要真誠、認真。言辭往往能夠反映個人的心理，如果我們有口無心或者是說話的態度比較輕率，就會讓對方產生不愉快；反之，當我們真誠而自然地說一些讚美的話語時，對方會感受到它與一般的客套是不同的，自然會感到身心愉悅。

　　二是讚美他人要恰如其分。如果在讚美他人時，講出與現實差距很遠的話，立刻會被他人識破。比如，當我們稱讚一個皮膚比較暗的人「你的皮膚真的很白啊」時，對方肯定心裡不快，認為我們在說諷刺的話。可是，如果我們說「你的皮膚看起來很健康」，其效果就不一樣了。

　　三是讚美要具體，不能過於籠統。如果我們過於籠統地讚美他人，只會讓對方感到讚美太空泛了。比如，當別人英語口語說得特別棒時，我們可以讚美對方：「你的口語說得太流利、太純正了！」而不要籠統地說：「你真是太優秀了。」

學會珍惜當下的幸福

在一個寺廟中，有一隻蜘蛛在寺廟的橫梁上結了一張網。在這裡修煉了一千年後，蜘蛛的佛性也增加了不少。有一天，當佛祖來到這座廟中，發現了橫梁上的蜘蛛，就對牠說：「你我在此相識也是有緣，既然你修煉了一千年，我就來問你一個問題吧。」蜘蛛聽了很開心地答應了。佛祖問道：「你認為世上最珍貴的是什麼呢？」蜘蛛聽後想了想回答道：「最珍貴的莫過於『得不到』和『已失去』。」佛祖沒有說什麼便離開了。

又過去了一千年，蜘蛛仍然在此修煉。一天，佛祖再次來到寺廟對蜘蛛說：「一千年前我問你的問題，你現在有什麼新的認知嗎？」蜘蛛仍然回答：「世上最珍貴的就是『得不到』和『已失去』。」佛祖對牠說：「你再想想，我會再來找你的。」

又過了一千年，突然有一天颳起了大風，風將樹上一滴甘露吹到了蜘蛛網上。看著晶瑩剔透的露珠，蜘蛛心中充滿了愛意，每天看著甘露，牠感到很快樂、很幸福，認為這是自己修行三千年來最快樂的時間。可不曾想，一天又颳起了大風，將甘露吹掉了，這讓蜘蛛的內心感到很失落和難過。

此時，佛祖又來了，問了蜘蛛同樣的問題，可是蜘蛛依然回答：「世上最珍貴的就是『得不到』和『已失去』。」於是，佛祖對牠說：「那你不妨去人間走一趟吧。」隨後，蜘蛛就在一個官宦的家庭中投胎了，成了一位千金小姐，父母為其取名為蛛兒。很快，蛛兒就長成了亭亭玉立的少女。

有一天，皇帝為新科狀元甘鹿舉行慶功宴，城中很多少女都來參加，其中也包括蛛兒以及皇帝的小公主長風。狀元在宴席上表演個人才藝，讓在場的少女為之傾倒。但蛛兒卻並不緊張，她認為這是佛祖賜給她的姻緣，她必然會和甘鹿在一起的。

Part10　創造快樂：豐盈內心，塑造好心態

沒過多久，蛛兒陪母親拜佛時遇到了甘鹿也陪同母親上山，當兩位長者在說話時，蛛兒與甘鹿則在一旁聊天。這讓蛛兒感到很開心，終於可以與喜歡的人在一起了。可是甘鹿並沒有表現得過於欣喜，當蛛兒問他是否記得她時，甘鹿聲稱自己並不認識她。隨後，他便與母親離開了，這讓蛛兒感到很失落。

一個月過後，蛛兒得到一個震驚的消息：甘鹿要與皇帝的小公主長風成親。她傷心欲絕，也想不通，為何佛祖安排自己有這份姻緣，卻是這樣的結果。幾天後，她因為太過傷心，再加上不吃不喝，生命危在旦夕。太子芝草聽聞這一消息，急忙來看她，並向其告白。原來在那場宴會上，他對蛛兒一見鍾情。如果蛛兒活不了，他也會隨她而去。說完，太子就要自刎。

此時，佛祖現身了，他對蛛兒即將出竅的靈魂說：「其實，甘露（甘鹿）的出現是由於風（長風公主），所以它是屬於風的，它只是你生命中的過客。而芝草則是寺廟門前的一棵小草，它一直注視了你三千年，愛慕了你三千年，可是你從沒有低頭看它一眼。如今，你知道世上最珍貴的東西是什麼了嗎？」蛛兒聽了，立即大徹大悟，她回答道：「世上最珍貴的就是珍惜和把握當下。」剛說完，佛祖就不見了，蛛兒的靈魂也回到體中，她睜開眼，看到即將自刎的太子，立刻起身將劍打掉，與太子緊緊相擁在一起……

釋迦牟尼曾說：「不悲過去，非貪未來，心繫當下，由此安詳。」所以我們只有學會活在當下，珍惜當下，才是最明智的，才會活得更加安詳、自在、舒坦、快樂。可是，如今很多人總讓自己的思緒沉浸在過去和將來：前兩天做的噩夢真是讓人心有餘悸；下週的考試如果考砸了怎麼辦；這個月的銷售業績如果不達標如何是好……

正是因為我們有思慮不完的事情，所以才讓我們很難活在當下，進而讓我們變得焦慮不安。

有一對夫妻生活過得不錯，但他們總會為將來的事而擔心發愁，所以一想到將來，他們就會感到不安、煩惱。一天，兩個人又在憂心忡忡地考慮將來的一些事情。丈夫對妻子說：「如果我們養一群羊就好了，生活可能會過得更好一些。」妻子也附和道：「是啊，羊生下小羊仔可以拿到市集上去賣，而另外一些羊則可以送到屠宰場，然後我們可以將羊肉送給一些親戚朋友。」

丈夫聽了訓斥道：「怎麼可以隨意送人，那些羊肉依然可以拿到市集上賣啊。你真是太不會過日子了。」妻子做了一番解釋，但丈夫不聽，兩個人因此而出現爭執。由於他們的爭吵聲音過大，附近的鄰居聽到吵架聲前來一探究竟。當鄰居得知事情的始末後，無奈地笑了，他拿起門口的一根棍子在一旁揮舞著。那對夫妻很不解，問他在那裡幹什麼。

鄰居回答道：「我在將你們家的羊趕走啊，否則牠們會跑到我的菜園中偷吃菜。」那對夫妻不解地說：「怎麼會，你們家根本就沒有地來開墾菜園啊。」鄰居不疾不徐地說：「現在雖然沒有，但以後有了地我就會開墾一片菜園。」那對夫妻聽了，頓時明白了鄰居的意思，不好意思地低下了頭，他們為了沒有發生的事情而起爭執，真是相當可笑。

在現實生活中，我們所擔憂的事情大多是不會發生的，對於那些還未發生的事情我們為何要在內心憂慮不已呢？因此，心理學家表示，我們應該學會珍惜當下，專注做好眼前的事情才是最重要的，才會讓內心更坦然。

有一個人叫戴維‧斯坦，在二戰後期時他曾在德國居住過一段時間，當時的生活相當艱難，往往是吃了上頓沒有下頓。有時候他會為了接一罐水而在街上排很長的隊，不僅要花很長的時間，而且隨時有可能遇到炸彈的襲擊。

後來，他的朋友得知這件事後問他，在當時的條件下是否感到焦慮

Part10　創造快樂：豐盈內心，塑造好心態

和恐慌，他卻回答道：「其實，我當時並沒有感到焦慮，我反而感覺那段日子是最為快樂的，因為我對未來不抱任何希望，所做的事情就是活一天是一天，快樂一天是一天。」

正是由於這種活在當下、珍惜當下的生活態度，才讓人有一種幸福感。試問，如果我們不珍惜當下的生活，還談什麼未來呢？所以既然明天還沒有到來，我們還是安然地活在當下吧。那麼，如何才能珍惜當下的幸福呢？對此，有心理學家提出以下幾點建議：

一是好好地對待身邊的親朋好友。珍惜當下的幸福就是要好好地對待身邊的人，比如親近的好友、家人等。當我們厚待他們的時候，不僅讓對方感到幸福，我們內心也會感到很快樂。

二是少接觸負面的資訊，多接收一些積極的資訊。如果我們被負面的資訊或事務所纏繞，只會讓我們變得越來越消極，變得越來越焦慮不安，而多接觸一些積極向上的資訊，則會在無形中讓我們養成樂觀的心態。

三是多做一些有意義的事情或活動。不要總是沉浸在電視和遊戲中，而是積極地做一些有意義的事情或活動。比如，看書、參加運動鍛鍊等。

幽默：充滿歡樂與笑聲的良藥

在某個地方突然發生了七級地震，很多人都因此而喪生，有人即使被救援人員救出來，也渾身是傷。可是即使如此，在一些人的臉上並沒有表現出痛苦和悲愴，而是樂觀地面對現實。

救援人員在某個地方進行救援時，發現有一個人已經被埋了五六個小時。當救援人員將其救出來後，他的意識依然很清楚。當他看到有記者揹著筆記型電腦經過時，他居然將自己的傷痛放在一邊，主動與記者打招呼，而且還問記者：「你的電腦能不能上網呢？」當記者回答「能」時，他竟接著說：「那你可不可以幫我看看大盤有沒有漲呢？」

當時，周圍的救援人員以及記者都被他樂觀的態度所感染，被他幽默的話逗樂了，也讓大家更加樂觀地面對這場災難。

而在另外一個震區，當外國的救援隊救出一名倖存者，記者採訪其感受時，他想了半天回答道：「這場地震真是太凶險了，我還以為把我震到國外去了呢！」在場的人聽後無不展露出笑顏。

著名科學家愛因斯坦曾說：「只要我們活著，我們就要保持幽默感。」在日常生活中，幽默就像是不可或缺的調味劑，調和著我們的精神生活，調節我們的緊張情緒。它是讓人們擺脫心理困境的最好方法，也是積極自救的有效途徑。當我們身處困境中，幽默就成了帶來歡樂和笑聲的良藥，讓我們變得更加樂觀。有的科學家則將幽默稱為「心理按摩」，因為它能調節人們的心理平衡，是促進心理健康的良方，發揮著心理按摩的作用，進而讓我們變得更加樂觀、從容。

有一個年輕人一直想買一輛摩托車，後來，他終於存夠了錢買下一輛非常氣派的摩托車。可誰知，剛買來第一天將其停在路口時就被撞

Part10　創造快樂：豐盈內心，塑造好心態

了。附近的人得知他的摩托車是新買的都深感可惜，可是年輕人卻說：「我以前總是說『如果有一天能讓我有一輛摩托車就好了』，如今我真的有一輛了，而且真的只有一天呢！」附近的人聽了都哈哈大笑起來。

對於年輕人而言，新買的車被撞是相當讓人氣惱的，可是他卻沒有將事情看得很重，而是用幽默來化解內心的不愉快。的確，在生活中增添一劑幽默的調味料，會讓我們的生活變得更加有滋有味。

幽默是人際關係的潤滑劑。在人際交往中，我們可以用幽默來化解矛盾，消除敵對的情緒，這樣不僅可以讓我們免受緊張不安、煩躁等不良情緒的侵害，還能更好地表達我們的意見，彰顯出我們豁達、大度的修養。

布朗夫人在自己居住的地方開墾了一個小菜園，並在裡面種植了一些蔬菜。一段時間後，蔬菜長得非常好，她非常開心，因為馬上就可以有青菜吃了。可是第二天，當她正準備去菜園採摘青菜時，卻發現鄰居家的一群雞正在吃青菜。所有的青菜都被那群雞吃完了，這讓布朗夫人感到相當失落和難過。鄰居得知這件事也深感內疚，但卻無法挽回。馬上就要過聖誕節了，鄰居給布朗夫人送來一件東西。布朗夫人開啟後發現裡面是一隻烤雞，上面附有一張紙條，寫著：「請享用您的蔬菜吧！」

幽默是一種智慧、隨機應變的表現。英國著名作家狄更斯非常喜歡釣魚，有一天，他正坐在河邊釣魚時，一個陌生的男子走了過來，詢問道：「先生，您是在這裡釣魚嗎？」狄更斯不假思索地回答道：「是啊，我今天釣了半天也沒有釣到一條，可是昨天我卻在這裡釣了 15 條魚。」陌生人反問道：「是嗎？那你是否知道我是誰呢？我是這裡的管理人員，這條河是禁止釣魚的！」說完，那人便從口袋中拿出罰款單，準備寫下對方的名字和具體的罰款金額。

見到這個情況，狄更斯立刻反問對方：「你知道我是誰嗎？」管理員

搖了搖頭，狄更斯回答道：「我是作家狄更斯，你不能向我罰款，因為我的職業就是虛構故事。」

正如前蘇聯作家普里什文所說：「生活中沒有哲學，還可以對付過去，而沒有幽默，則只有愚蠢的人才能生存。」所以，幽默在我們的生活中是不可或缺的，它是一種精神消毒劑，能夠幫助我們走出心理困境，讓緊張和窘迫的局面變得輕鬆，讓自己和周圍的人變得快樂起來。那麼，如何培養自己的幽默感呢？對此，有心理學家提出以下幾點建議：

一是養成記錄幽默故事的習慣。我們不妨在自己身邊備一個小本子，當發現風趣的故事後就將其記錄下來，並進行潤色，使之成為自己獨特的幽默段子。

二是學會轉換自己的思維。如果總是墨守成規，是很難發揮幽默才華的。所以，我們不妨試著轉換自己的思維或是改變自己的講話方式，並培養自己豐富的想像力，可能就會產生意想不到的效果。

三是提高自己的知識水準。幽默是一種智慧的展現，它是建立在豐富的知識基礎上的。所以，要想培養幽默感需要多充實自己，多從書籍中汲取更多的知識。

Part10　創造快樂：豐盈內心，塑造好心態

放下包袱，清掃心靈垃圾

　　他被稱為綠茵場上的「外星人」，其球技相當精湛，讓很多球迷為之瘋狂；他被譽為讓全世界所有後衛都頭痛不已的前鋒，他在球場上帶球的速度非常快，而且射門也是相當準確。總體而言，他是一個相當霸氣的球員。可是沒承想，這位稱霸球場的運動員曾因為心靈上的包袱——自己的齙牙而深受其擾。

　　起初，當他剛開始踢球時總是因為突出的齙牙而極為不自信，擔心會被觀眾發現而嘲笑自己，所以他每次上場都會緊緊地閉著嘴巴。因為這件事導致他內心承受著很大的壓力負擔，也正因為如此，他總是難以發揮出自己真正的實力。

　　直到有一天，在參加一場足球比賽的時候，教練發現了他的這一「心病」。其實，教練深知他在足球方面是很有實力的，可是他卻因為放不下內心的包袱而無法正常發揮自己的球技。於是，教練將他換下場，語重心長地對他說：「在球場上，不管內心有什麼包袱和雜念都要將其拋棄，全心放在球上。其實，你的齙牙並不是什麼大不了的事情，這是天生的，又不是你的個人問題。如果你在球場上總是閉著嘴巴，那要如何呼吸呢？如何暢快地在球場上馳騁呢？如果你不想讓觀眾注意你的齙牙，最好的方法並不是將其隱藏起來，而是讓觀眾注意你的球技。」

　　教練的一席話頓時讓他如醍醐灌頂，從此以後，他開始放下內心的包袱，在球場上，他不再在意自己的齙牙，而是全身心地專注於踢球。慢慢地，他在球場上猶如魚在水中一樣歡快、自由，球技果然突飛猛進。在 17 歲的時候，他就選入了巴西國家隊，與隊員們贏得了世界盃；在 20 歲的時候，他被譽為「足球先生」。他就是羅納度・路易斯・那扎里奧・德・利馬，因為精湛的球技而讓世人都認識他。後來，很多喜歡他的女球迷都認為他的齙牙很可愛、很迷人。

放下包袱，清掃心靈垃圾

在日常生活中，可能有些人也會像羅納度那樣因為自己的「齙牙」或是長相，抑或是某個缺陷而過於在意，進而讓自己一直背負著沉重的心理包袱，變得焦慮、心煩、緊張等，讓心靈長期受到困擾，最終喪失對生活的自信和熱情。其實，那些不順心的經歷總是在所難免的，我們要試著將其放下，就像羅納度的教練所說的那樣，「將內心的包袱和雜念都拋棄掉」，才能避免它們成為束縛我們前行的枷鎖。

有人曾說：「人是最會製造垃圾汙染自己的生物之一。」的確，每天在大街小巷我們總會看到成堆的垃圾，不過有形的垃圾易被清理，可是內心的無形垃圾，比如煩惱、痛苦、憂愁等卻不易清掃。因為我們會出於各種擔心和顧慮而不願去清掃這些「垃圾」。

在一個城堡中，有一個漂亮的公主，她的金色頭髮非常漂亮，而且相當長，猶如金色的瀑布。可是，她從小就被一個老巫婆囚禁在古堡中，而且老巫婆總是嫌棄她長得很醜，所以，公主一直以為自己長得很醜。可是有一次，當她站在窗前欣賞外面的美景時，卻被一位英俊的王子看到了，他被公主的漂亮長髮所吸引，更被其美貌震驚，他每天都會故意來到這裡看公主。而公主也從王子的眼中看到了自己漂亮的容貌，也看到了自由和未來。於是，她將頭髮放下去，讓王子攀爬到古堡中，將自己解救出去。

其實，囚禁公主的不是城堡，正是她自己，而那個老巫婆則是她內心迷失的魔咒。由於她心中的「魔」築起了一堵厚厚的高牆，認為自己長得醜，所以不願見人，一直將自己囚禁在城堡中。很多人不正是如此嗎？由於各種煩惱和不快而將自己捆綁、囚禁起來。其實，只要動手砸爛這些心靈的枷鎖，清掃內心的垃圾，就會讓我們的內心輕盈、快樂起來。

正如著名作家史鐵生所說：「心靈的房間，不打掃就會落滿灰塵。

Part10　創造快樂：豐盈內心，塑造好心態

蒙塵的心，會變得灰色和迷茫。我們每天都要經歷很多事情，開心的，不開心的，都在心裡安家落戶。心裡的事情一多，就會變得雜亂無序，然後心也跟著亂起來。有些痛苦的情緒和不愉快的記憶，如果充斥在心裡，就會使人萎靡不振。所以，掃地除塵，能夠使黯然的心變得明亮；把事情理清楚，才能告別煩亂；把一些無謂的痛苦扔掉，快樂就有了更多更大的空間。」

那麼，如何放下內心的包袱，清掃心靈的垃圾呢？對此，有心理學家提出以下幾點建議：

一是有選擇性地遺忘負面的情緒和體驗。有心理學家表示，過去的記憶在人們的生活中是不可缺少的，但如果有意無意地拋掉那些負面的情緒和體驗，將會有效地保護我們的心靈。

比如，美國紅十字會負責人克萊拉・巴頓曾有一次不開心的經歷，後來在一次聚會中，有朋友無意間談起那件事，但巴頓女士卻已經想不起來了。她表示，因為這件事留給自己不好的情緒體驗，所以當時她就告訴自己要下定決心忘記它。

二是讓樂觀主宰自己。心理學家表示，當我們樂觀地面對困境，用積極的心態看待任何問題時，內心的垃圾和包袱就會自然被清理，陽光也會照進心靈。

三是養成排解煩惱、不快的習慣。如果內心的煩惱不及時排解，讓其鬱積在心中，不僅會影響自己的身心健康，還會影響周圍的人。所以，不妨嘗試養成一種排解煩惱的習慣，將煩惱放在「心靈」的外面，讓它如同離開生長的土壤一樣消失，將其徹底清掃出去。比如，試著練習微笑，不只是純粹地拼湊我們的面部表情，而是努力地調節我們的心情，讓心情變得更加快樂。

放下包袱，清掃心靈垃圾

情緒容忍度！面對無處不在的壓力，心理學調節 10 種負面情緒：

恐婚情結 × 社交恐懼 × 工作壓力 × 憂鬱症狀，直面內心陰影，重新調整情緒

作　　　者：	王利利
責 任 編 輯：	高惠娟
發　行　人：	黃振庭
出　版　者：	崧燁文化事業有限公司
發　行　者：	崧燁文化事業有限公司
E - m a i l：	sonbookservice@gmail.com
粉　絲　頁：	https://www.facebook.com/sonbookss/
網　　　址：	https://sonbook.net/
地　　　址：	台北市中正區重慶南路一段 61 號 8 樓 8F., No.61, Sec. 1, Chongqing S. Rd., Zhongzheng Dist., Taipei City 100, Taiwan
電　　　話：	(02)2370-3310
傳　　　真：	(02)2388-1990
印　　　刷：	京峯數位服務有限公司
律師顧問：	廣華律師事務所 張珮琦律師

-版權聲明-

本書版權為樂律文化所有授權崧燁文化事業有限公司獨家發行電子書及紙本書。若有其他相關權利及授權需求請與本公司聯繫。
未經書面許可，不得複製、發行。

定　　　價：320 元
發行日期：2024 年 08 月第一版
◎本書以 POD 印製
Design Assets from Freepik.com

國家圖書館出版品預行編目資料

情緒容忍度！面對無處不在的壓力，心理學調節 10 種負面情緒：恐婚情結 × 社交恐懼 × 工作壓力 × 憂鬱症狀，直面內心陰影，重新調整情緒 / 王利利 著 . -- 第一版 . -- 臺北市：崧燁文化事業有限公司，2024.08
面；　公分
POD 版
ISBN 978-626-394-664-4(平裝)
1.CST: 情緒管理 2.CST: 心理衛生
176.5　　113011569

電子書購買

爽讀 APP　　　　臉書